Kauderwelsch

Band 42

C'EST DINGUE CE TRUC!

Kauderwelsch

Franko-Slang
das andere Französisch

Hermann Kayser

"L'autre jour il y a un de ces zigottos, qui entrechez moi.
Sa bécane était nase et il voulait du blé!"

aus der Fernseh-Werbung einer Bank

Kauderwelsch Band 42
Französisch-Slang, das andere Französisch
von Hermann Kayser

papilio print

Peter Rump Verlags- und Vertriebsges. mbH
Hauptstr. 198
D-4800 Bielefeld 14

© Peter Rump (Hrsg.)
2. Auflage 1991
ISBN 3-922376-17-7

Konzeption und Bearbeitung:
Peter Rump

Gestaltung:
Peter Rump (Umschlag)
Peter Rump, Christian Meise (Inhalt)
Zitiert werden Abbildungen aus
Comics folgender Zeichner:
Baru, Bertrand, Cabu, Crumb,
Fracetta, Franc, Frémond, Hugot,
Jano, Kamagurka/Herr Seele, Lausier,
Manœuvre/Clerc, Mattioli, Plait,
Schulteiss, Veyron und andere.

Lithos, Druck, Bindung:
Fuldaer Verlagsanstalt GmbH, Fulda

PRINTED IN GERMANY

■ Dieses Buch ist erhältlich in jeder
Buchhandlung oder gegen **Vor**einsendung
von DM 12.80 (Scheck) bei:

Peter-Rump-Direktversand
Heidekampstraße 18
D-4450 Lingen (Ems)

■ **Bezugsadressen für den Buchhandel:**

BRD: Prolit GmbH, Pf.9, D-6301 Fernwald (Annerod)
Schweiz: AVA-Buch 2000, Postfach, CH-8910 Affoltern
Österreich: ROBO GmbH, Pf.601, A-1060 Wien
Niederlande: Nilsson & Lamm bv, NL-1380 AD Weesp

■ Der Verlag will die "Slang-Reihe" ausbauen
und sucht Autoren für die Sprachen:
Italienisch, Franko-/Englisch-Kanadisch

Inhalt

zum Geleit

Liebe Leser, bei der Lektüre dieses Buches bitten wir Sie, folgendes zu bedenken: Es ist selbstverständlich, daß die Ausdrücke in diesem Buch nichts mit unserer Einstellung zu tun haben. Das gilt besonders für Schimpfwörter und beleidigende Ausdrücke. Es liegt ausdrücklich nicht in unserer Absicht, daß die aufgeführten diskriminierenden Ausdrücke verwendet oder verbreitet werden. Wir haben sie aufgelistet, weil es sein kann, daß man ihnen begegnet (in Filmem, Büchern oder auf der Straße), und verstehen sollte man, was man hört. Diese Sammlung ist nicht vollständig.

Peter-Rump-Verlag

Vorwort

So wie der "American-Slang"-Band der Kauderwelsch-Reihe in den amerikanischen Slang einführt, so soll dieser Band einen kleinen Überblick über die französische Umgangssprache geben.

Er richtet sich an Frankreich-Reisende, die zwar über ein Minimum an französischen Sprachkenntnissen verfügen, die aber nicht regelmäßig Kontakt mit dem französischen Alltag haben oder die sich nicht so lange in Frankreich aufgehalten haben, daß sie in den 'Code' des Umgangsfranzösisch eingeweiht sind. Wenn man sich nämlich als harmloser Reisender (oder als Neuzugereister) auf französischen Boden begibt, merkt man schnell, daß es eine Vielzahl von Situationen gibt, in denen man mit dem mühsam erlernten (und meist schon wieder vergessenen) Schulfranzösisch nicht mehr folgen kann: wenn man Gesprächen beim 'Epicier' (dem Lebensmittelhändler) oder im Bistro an der Ecke lauscht, sich mit einem erregten Unfallgegner oder Fußballclubanhänger auseinandersetzen muß, wenn man ein Exemplar der Zeitschrift "Charlie-Hebdo", des "Canard Enchaîné" oder des "Echo des Savannes" in die Hände bekommt oder auch einem Live-Interview am Fernsehen oder am Radio folgen will.

Es geht uns hier also um das **gesprochene Alltagsfranzösisch**, auf das man allerdings manchmal auch in schriftlicher Form trifft.*

---

* übrigens: Wer bisher vergeblich versucht hat, das Zitat auf Seite 3 zu übersetzen, dem sei hier die (ziemlich wörtliche) Übersetzung geliefert: "Neulich gab's da einen von diesen komischen Typen, der zu mir 'reinkam. Seine Karre war kaputt, und er wollte Kohle."

Was französische Umgangssprache eigentlich ist, ist schwer zu sagen und die Wissenschaftler streiten sich natürlich darüber. Da gibt es das **français argotique** (in seinen verschiedenen Spielarten, die nach Region 'Stadt, sozialer Gruppe, Stadtviertel' etc. variieren), das **français familier**, das **français parlé**, das **français branché** etc.. Einige Ausdrücke (mit den Anmerkungen **arg.** oder **fam.** versehen) findet man auch in manchen Wörterbüchern. Aber diese sind dann schon von der Académie Française, die allmächtig darüber entscheidet, was gutes und was schlechtes Französisch ist, gnädig in das offizielle Französisch aufgenommen worden.

In diesem Band verstehen wir unter **Umgangsfran-zösisch** eine Sprachebene, die jeder Franzose (auch wenn er sie nicht selbst gebraucht) versteht, die die meisten im alltäglichen Umgang miteinander benutzen und auf der sich, für den ausländischen Touristen, Ausdrücke, die nicht im Wörterbuch auftauchen mit solchen, die man nachschlagen kann, ganz selbstverständlich vermischen.

Uns geht es hier um die Ausdrücke und Wendungen, die meistens nicht in den Wörterbüchern stehen, die unserer Meinung nach aber ein wesentlicher Bestandteil der französischen Alltagskultur sind. Der Beweis dafür ist, daß es dem Ausländer, der diese Sprachebene beherrscht, passieren kann, daß ihm anerkennend auf die Schulter geklopft wird: "Du sprichst wirklich Französisch wie ein Franzose!"

Ein großer Teil dieser Ausdrücke gehört zur Vulgärsprache, die mehr oder weniger weit verbreitet ist; das soll heißen: manche sprechen überwiegend so, andere benutzen sie nur im engsten Bekanntenkreis oder in Extremsituationen (Stichwort "Straßenverkehr"). Es handelt sich um die sogenannten **expressions de cul** (= Arsch-Ausdrücke), und die Übersetzung mit "vulgärsprachliche Ausdrücke" ist hier in keinem Fall wertend gemeint!

8

Die letzteren wurden hier vor allem gesammelt, damit der harmlose Reisende versteht, was ihm ein freundlicher Franzose da u.U. scheinheilig lächelnd an den Kopf wirft. Mit der eigenen Verwendung dieser Ausdrücke sollte man aber sehr vorsichtig sein. Es sei denn, man weiß, was man sagen will, wie man es sagen will und vor allem, wem man es sagt. Und selbst dann kann man immer noch nicht sicher sein, daß es in der Situation auch so verstanden wird, wie man es meint: Die Benutzung deftiger Ausdrücke in einer Fremdsprache wird im allgemeinen als nicht so drastisch empfunden wie in der eigenen Muttersprache, der Adressat wird das aber ganz anders sehen!

Die **Umgangssprache** zeichnet sich nicht nur durch ein bestimmtes Ausdrucksniveau aus. Hinzu kommt, daß auch die Grammatik häufig vereinfacht wird, und auch die Aussprache nicht immer dem erlernten Schulfranzösisch entspricht. Das kann manchmal das Verständnis erleichtern, manchmal aber auch erschweren. Die folgenden Grammatik-Hinweise sollen da helfen:

1. In der Umgangssprache werden nicht alle **Zeiten** bei der Verbkonjugation benutzt. Die Gegenwartsform ("le présent"), die mit **aller** gebildete Form der nahen Zukunft ("le future proche") und – für die Vergangenheit – die Perfektform ("le passé composé") sind die am meisten benutzten Zeiten, mit denen man auskommt.

2. Bei den aus **ne – pas, ne – personne, ne – rien** usw. gebildeten Verneinungsformen wird fast immer das **ne** weggelassen.
   Beispiel: **"J'ai rien fait.";** **"Je vais pas venir avec vous."** (future proche).

3. Im Alltagsfranzösisch werden sehr häufig **Silben weggelassen** oder zusammengezogen ("kontrahiert"), vor allem wenn das eine Wort mit einem Vokal aufhört und das folgende mit einem Vokal beginnt.

Beispiele: **"T'as pas une clope** (= Zigarette)**?"**
"J'sais pas c'qu'tu veux!"
(gesprochen: Schäpasktüwö)

Da in diesem Band viele kurze Beispielsätze an-
geführt werden, um die Verwendung eines Wortes
oder Ausdrucks im alltagssprachlichen Zusammenhang
darzustellen, sollte man diese Punkte auch bei der
Benutzung dieses Büchleins im Hinterkopf behalten.
Damit kommen wir zum Aufbau und zur Benutzung
dieses Bandes.

(Ausführliche Anleitungen zum schnellen Erlernen des
nötigsten Vokabulars und der wichtigsten grammati-
schen Grundbegriffe der französischen Sprache an
sich findet man in dem Kauderwelsch-Band 40 "FRAN-
ZÖSISCH (nicht nur) FÜR GLOBETROTTER").

Gebrauchsanweisung

Wie bereits gesagt, wird der Frankreichreisende mit
diesem Umgangssprachniveau in allen möglichen All-
tagssituationen konfrontiert. In manchen Situationen
kann er auf Ausdrücke treffen, die zwar nicht unbedingt vulgär, aber typisch für sie sind. Allerdings gibt es auch solche Wendungen und Ausdrük-
ke, die wirklich zum **argot** (= Straßen-Slang) gehören und die i.a. äußerst unfein sind, die aber typisch für ein Thema oder eine Situation sein können.

Im **ersten Teil** dieses Bandes werden einige dieser
typischen Situationen und Themen aufgelistet. Ihnen
werden entsprechende typische, französische Ausdrük-
ke zugeordnet. Dabei werden die "harmlosen" und
die "eher vulgären" vermischt aufgelistet. Die "ganz
harten" Ausdrücke habe ich mit einem * versehen.

Im **zweiten Teil** geht es dann um "echte" umgangssprachliche und im wesentlichen um vulgäre Ausdrücke. Sie sind nicht für bestimmte Situationen des
Alltags typisch, sondern sie dienen eher dazu, bestimmte Dinge der Situation entsprechend zum Ausdruck zu bringen: Wenn jemand seinem Ärger Luft
macht, sich abwertend über jemand äußert, jemanden beschimpft, beleidigt usw.. Die "schlimmsten"
dieser Ausdrücke sind wieder durch * gekennzeich-
net. Allerdings können eine Reihe dieser Wörter und
Ausdrücke durchaus auch anerkennende oder positive
Bedeutung bekommen. Das kommt natürlich auf die
Situation und den Zusammenhang an. Zum Beispiel
kann das Wort **salaud** (= Scheißkerl) sowohl beleidigend als auch freundlich gebraucht werden. Andererseits gibt es auch Wörter, die, wenn sie aus dem
Zusammenhang gerissen werden, eine ganz andere
Bedeutung erhalten. So drückt z.B. das Wort **putain**
(= Nutte) in einem bestimmten Zusammenhang ausge-
rufen, Anerkennung oder Erstaunen aus, im Zusammenhang mit anderen Schimpf- oder beleidigenden
Ausdrücken dient es als Verstärkung. Beispiel:
"putain de merde" (= verdammte Scheiße).

Das vorausgegangene Beispiel verdeutlicht außerdem
ein anders Prinzip. Manche Ausdrücke haben, wörtlich ins Deutsche übersetzt, eine ganz andere Bedeutung oder sind vollkommen unverständlich: In diesen
Fällen ist zusätzlich zu der entsprechenden freien
Übersetzung ins Deutsche die wörtliche Übersetzung
unter oder neben dem französischen Ausdruck in
Klammern angegeben. So hieße die wörtliche Über-
tragung von **putain de merde**: Nutte von/aus Scheiße, und
das entspricht nicht dem im Französischen gemein-
ten Sinn.

Wir haben in jedem Fall versucht, die entsprechende deutsche Übersetzung der Ausdrücke und Wendungen zu finden und sie dem französischen Sprach-
niveau anzugleichen. Das war nicht immer ganz einfach, da man sehr schnell das Gefühl hat, daß die
französische Sprache viel differenzierter und reich-

11

haltiger ist und nicht so drastisch klingt. Die deutsche Entsprechung entspringt daher immer einer subjektiven Auswahl des Autors, die jedoch durch kompetente Deutsche und Franzosen bestätigt bzw. korrigiert wurde.

Im **Anhang** dieses Bandes sind alle Ausdrücke noch einmal stichwortartig und alphabetisch geordnet aufgelistet. Die Seitenzahl(en) dahinter gibt (geben) an, wo ein Wort, ein Ausdruck oder ein Stichwort und die entsprechende Übersetzung im Buch steht. Hört man z.B. den Ausdruck **ça vaut pas la peau des fesses**, findet man hinter **fesse** die entsprechende(n) Seitenzahl(en) angegeben.

le franglais

Es ist nicht neu, daß viele Sprachen Wörter aus dem
Englischen oder dem Amerikanischen entliehen haben.
Dies gilt selbstverständlich auch für das Französische. Diesen speziellen Jargon nennt man **Franglais**:
zusammengesetzt aus **français** (französisch) und
anglais (englisch). Viele Franzosen benutzen in allen Bereichen des Alltags solche anglo-amerikani-
schen Leihwörter, vor allem die jungen Franzosen
finden diese Ausdrucksweise ganz toll.

Typisch für die französische Sprache ist, daß
die Integration dieser Ausdrücke soweit geht, daß
sie auch französisch ausgesprochen werden. Das
klingt teilweise so eigenartig, daß man sie kaum
wiedererkennt:

le joint	*(shoañ)*	der Joint
le D.J.	*(dehscheh)*	der Discjockey
un rocker	*(rokör)*	der Rocker
le flirt	*(flört)*	der Flirt
le must	*(möst)*	ein Muß
cool	*(kuhl)*	easy
flipper	*(flipeh)*	rumflippen
le mixage	*(mikßash)*	die Mischung
le walkman	*(uakman)*	der Walkman

Die für die "Sauberkeit" der französischen Sprache
verantwortliche Académie Française hat sich über
diese 'anglicismes' schon einmal so aufgeregt, daß
beschlossen wurde, sie ganz aus dem Bereich der
audio-visuellen Medien zu verbannen und sie durch
entsprechende französische Wortneuschöpfungen salon-
fähig zu machen. So sollte z.B. das Wort **le walkman**
ersetzt werden durch **le baladeur** (wörtlich: der Wanderer).

Natürlich ließ sich die Eigenmotorik der Sprache
aber nicht aufhalten. Immer neue Wörter werden dem

Anglo–amerikanischen entlehnt. Ganz stark vor allem im Bereich der Wirtschaftssprache, die ja sowieso eine Fachsprache für sich ist: Z.B.: **le know–how, le meeting, le monitoring, le partnering, le briefing.**

Diese "Französisierung" der englischen Sprache kann natürlich auch zu seltsamen Blüten führen, die dann sehr poetisch, aber auch sehr effizient in ihrer Bedeutungskonzentration wirken. Beispiele aus einem französischen Chanson: **une fille manhattanisée** (= ein Mädchen im "Manhatten-Stil").

Übrigens...

...hat die Vorliebe der Franzosen, Worte aus einer Fremdsprache zu entleihen, auch vor dem Deutschen nicht haltgemacht.

So stößt man überraschend, vor allem in den Medien, auf deutsche Worte, die in die französische Sprache übernommen wurden (oder gerade werden). Offensichtlich haben einige dieser Ausdrücke etwas typisch Deutsches an sich!

Le krach (an der Börse), **le blitzkrieg, le Führer, l'anschluss, anschlusser, le waldsterben, le real-politik.**

Ein weiteres allgemeines Phänomen der französischen
Sprache ist der Gebrauch von Ab- und Verkürzungen. Ich denke dabei weniger an die Abkürzungen
durch Buchstabenkombinationen, die zwar auch für
viele Frankreichreisende ein Rätsel sein werden, die
aber kein typisches, umgangssprachliches Merkmal
sind. Abgesehen von einigen auch schriftlich zu fin-
denden Verkürzungen: **K7** (= K-sept = Cassette).

Charakteristisch für die Umgangssprache ist vielmehr, daß bei mehr oder weniger langen Wörtern
eine oder mehrere Silben am Schluß wegfallen. Allerdings ist dieses Prinzip inzwischen so allgemein verbreitet und akzeptabel geworden, daß es zu einem
Phänomen der gesprochenen Sprache allgemein geworden ist.

Es ist aber unmöglich, alle gebräuchlichen Verkürzungen systematisch aufzulisten. In den entsprechenden Kapiteln dieses Bandes findet man jedoch
immer wieder ganz bestimmte verkürzte Ausdrücke,
die für den umgangssprachlichen Wortschatz typisch
sind. Zum Beispiel:

le loub(ard)	der Halbstarke
le pédé(raste)	der Schwule
la pute (putain)	die Nutte
impec(able)	ordentlich (Sauber!, Klasse!)
sympa(thique)	sympathisch, nett
sensas (sensationnel)	sensationell (super!)
extra(ordinaire)	außergewöhnlich (Echt geil!)
le max(imum)	das Maximale
le clodo (clochard)	Clochard
le toxico(mane)	der Drogenabhängige

Verkürzungen im allgemeinsprachlichen Vokabular
kommen natürlich auch vor. Hier einige Beispiele:

la télé(vision)	das Fernsehen
la restau/le resto(rant)	das Restaurant
le ciné(ma)	das Kino
le bac(calauréat)	das Abitur
le frigo (frigidaire)	der Kühlschrank
la pub(licité)	die Werbung
le prof(esseur)	der Lehrer
la manif(estation)	die Demonstration
l'expo(sition)	die Ausstellung

le verlan

Seit langem schon gibt es in Frankreich eine ganz
besonders unzugängliche Umgangssprache, die mehr
einem Geheimcode ähnelt: das **verlan**. Bei dieser
höchst eigentümlichen "Sprache" ist der Trick, die
Silben der Wörter zu vertauschen oder zu verdrehen.
Angeblich ist dieser Code spezifisch für bestimmte
Milieus, insbesondere bestimmter sozialer Gruppen
in Paris, nicht zuletzt der Pariser Halb- und Unter-
welt, und wird übrigens auch nur von sehr wenigen
Franzosen verstanden. Daher soll sie auch nicht
systematisch in diesem Band aufgenommen werden.
    Es gibt jedoch einige Worte und Wendungen, über
die man im Alltag stolpern kann. Hier einige Beispiele:

chébran – **(branché)** (eingestöpselt)	voll drauf
C'est bléca – **(cablé)** (verkabelt)	Alles geritzt!
Laisse beton! – **(tomber)** (fallen)	Laß sausen!
le damgerm – **(gendarme)**	der Verkehrspolizist
le chicha – **(haschisch)**	das Haschisch

faire des bornes

Reisen heißt in Frankreich natürlich heutzutage -
wie in Deutschland - hauptsächlich die Fortbewegung
per Auto. Auch für Franzosen ist das Auto das lieb-
ste Kind und das Straßennetz ist in Frankreich fast
so gut ausgebaut wie in der Bundesrepublik, allerdings ist die Landschaft noch nicht so zubetoniert.
Das liegt zum einen daran, daß es nicht so viele
Autobahnen gibt, andererseits ist Frankreich mit
547.000 m² etwas mehr als doppelt so groß wie die
BRD, so daß man dort manchmal viele Kilometer zu-
rücklegen kann ohne weit und breit ein Haus zu
sehen.

Auf den Autobahnen - **les autoroutes** - ist das
Tempo auf 130 km/h begrenzt, woran sich die Masse
der Autofahrer und -fahrerinnen allerdings nicht unbedingt hält. Es soll jedoch Radarfallen geben!

Zwangsläufig muß man sein Tempo reduzieren,
wenn man in einen Stau - **une embouteillage** (= Fla-
schenabfüllung) oder **le bouchon** (= der Korken/Stopfen) gerät,
was regelmäßig zu Beginn der Ferienzeit in unglaub-
lichem Ausmaß der Fall ist.

Wichtig zu wissen ist, daß die Autobahnbenut-
zung in Frankreich kostenpflichtig ist. Regelmäßig
gerät man vor den großen Städten an Gebührenzahl-
stellen - **les péages** -, an denen der Verkehrsfluß
unterbrochen wird und an denen jeder für die zu-
rückgelegte Strecke die 'Autobahnbenutzungsgebühr'
bezahlen muß.

l'entrée d'autoroute	die Autobahnauffahrt
la sortie (d'autoroute)	die Autobahnabfahrt
la direction	die Richtung
le panneau	das Schild
le croisement	die Kreuzung
le resto-route	die Autobahnraststätte
le parking	der Parkplatz

la station d'essence	die Tankstelle
prendre de l'essence	tanken
le super	das Superbenzin
l'ordinaire	das Normalbenzin
le diesel	das Dieselbenzin
sans plomb	bleifrei (sehr selten in Frankreich!)
libre service	Selbstbedienung
le garage	die Werkstatt
le centre(-ville)	die Stadtmitte/Innenstadt
la banlieu	der Vorort, der äußere Stadtrand
la bidonville	heruntergekommene Wohn- und Schlafstadt
la Z.U.P. (Zone à Urbanisier en Priorité)	Wohnsiedlungsgebiet am Stadtrand, Trabantenstadt
la Z.I.P. (Zone à Industrialiser en Priorité)	Industriegebiet (meist mit Wohngebieten verbunden)

Auf den Landstraßen erster, zweiter und dritter Ordnung (man kann sie daran erkennen, ob sie eine 1-stellige, 2-stellige oder 3-stellige Ziffer haben) - **les Routes Nationales (R.N.)** oder kurz "**les Nationales**" genannt - ist die Geschwindigkeit i.a. auf 90 km/h begrenzt. Manche dieser Straßen sind allerdings zu autobahnähnlichen Schnellstraßen - **les voies rapides** - ausgebaut, auf denen die Geschwindigkeitsbegrenzung gesondert ausgeschildert ist.

Bis auf manche ähneln sich die deutschen und die französischen Straßenbeschilderungen. Sehr häufig begegnet dem Reisenden das merkwürdige Verkehrsschild **RAPPEL**. Das heißt nicht, daß hier vor Schlaglöchern gewarnt wird, sondern es bedeutet so viel wie 'ERINNERUNG' (an die für diesen Straßenabschnitt gültige Verkehrsvorschrift). Ebenso mysteriös mag das Hinweisschild **PHARES** sein, das man vor

allem nach Tunneldurchfahrten sieht. Es heißt nichts
anderes, als daß die Autofahrer nunmehr ihre Schein-
werfer wieder ausschalten sollen.

l'entrée du village	der Ortseingang
la sortie du village	der Ortsausgang
prendre/	eine Abkürzung fahren
faire un raccourci	
la déviation	die Umleitung
le bled	das (abgelegene) Kaff
C'est la brousse ici!	Das ist ja eine gottver-
(Das ist die Wildnis/der Urwald)	lassene Gegend hier!

faire de l'autostop

Trampen ist in Frankreich zwar durchaus möglich,
es wird aber immer schwieriger, schnell eine Mit-
fahrgelegenheit zu finden, da die französischen Autofahrer und -fahrerinnen immer mehr Angst vor un-
liebsamen oder unangenehmen Bekanntschaften haben.
Inzwischen gibt es in jeder größeren Stadt allerdings Mitfahrtgelegenheitsorganisationen (z.B. "Allo
Stop"), an die man sich wenden kann.

faire du stop ⎫	trampen
faire de l'autostop ⎭	
l'autostoppeur	der Tramper
l'autostoppeuse	die Tramperin
prendre un autostoppeur	einen Tramper mit-
	nehmen

20

la bagnol - la moto

Der fahrbare Untersatz ist vielen Franzosen sehr
ans Herz gewachsen, selbst wenn er zu Hause
stehen bleibt und man mit Bus, Zug oder Metro zur
Arbeit fährt. Verständlich, daß sich ein großer Bereich der Umgangssprache um dieses Thema dreht.

la bagnole	die Karre	
la caisse/		
la fire	die Kiste	⎫
la deudeuche/	der (Citroen) 2 CV	⎬ Auto
la deuche		⎭
la bécane	Moped/kleines Motorrad	⎫
la mob	das Motorrad	⎬ Motorrad
la meule	die Mühle (Motorrad)	⎭
le vélo	das Fahrrad	⎫ Fahrrad
le clou	der Drahtesel	⎭
(der Nagel)		
le poid lourd	der Brummi (LKW)	
(das schwere Gewicht)		

C'est une bonne occase!	Das ist ein guter Gele- genheitskauf!
appuyer sur le champignon	auf's Gas treten
(auf den Pilz drücken)	
le feu	die Ampel
bruler/griller un feu	bei Rot über die Ampel
(ein Feuer verbrennen/grillen)	fahren
une borne	ein Kilometerstein
faire des bornes	weit fahren/Kilometer fressen
se garer	parken
se garer en double file	in zweiter Reihe parken
faire un crénau	rückwärts einparken
(eine Schießscharte machen)	

Der natürliche Gegner des Autofahrers bleibt natürlich **le gendarme**, der Verkehrspolizist, der den ohnehin gestreßten Verkehrsteilnehmern das Leben noch schwerer macht.

le flic	der Bulle
Sale flic!	Scheiß Bulle!
(schmutziger)	

Mit dem zweiten Ausdruck sollte man den Polizisten natürlich nicht beschimpfen, denn das ist auch in Frankreich strafbar, während **flic** durchaus als Berufsbezeichnung durchgeht.

la contredanseuse	die Politesse
(die Gegentänzerin)	
l'aubergine	die Politesse (in Paris,
(die Aubergine)	wegen der violetten Uniform)
la prime	das Strafmandat
(der Preis)	
une contredanse	das Knöllchen
un papillon	ein Knöllchen
(Schmetterling)	
choper une contredanse/	ein Knöllchen bekom-
(ergattern) **une prime**	men

22

Wem es zu beschwerlich, zu gefährlich oder zu teuer
ist, mit dem Auto zu reisen, der kann den Zug nehmen, es sei denn, die staatliche, französische Eisen-
bahngesellschaft **S.N.C.F.** wird wieder 'gerade mal'
bestreikt. Am schnellsten fährt man mit dem **T.G.V.**
(**Train à Grande Vitesse**), dem Superschnellzug mit
285 km/h Reisehöchstgeschwindigkeit, der allerdings
bisher nur einige größere Städte verbindet.

S.N.C.F. (Société National de Chemin de Fer)	Staatliche Französische Eisenbahngesellschaft: Steht an allen Bahnhöfen und überall, wo man Zugfahrkarten kaufen kann
le billet (de train)	die Zugfahrkarte
composter un billet	die Fahrkarte entwerten (in Automaten)
le rapid	der Schnellzug
le train local	der Ortsverkehrzug
le train de banlieu	der Vorortszug
R.E.R.	Vorortzug in Paris (der Metro ähnlich)
le supplement	der Zuschlag
la couchette	der Liegewagen
le wagon-lit	der Schlafwagen
Aber:	
la voiture	der Eisenbahnwagon
louper/rater son train	seinen Zug verpassen

faire la bringue

Wenn man als Fremder nächtens an unbekanntem Ort
landet, kann man ganz schön verloren dastehen.
Vor allem kleinere und mittlere französische Städt-
chen (also fast alle Provinzstädte) sind nachts men-
schenleer und wie ausgestorben.

Je me suis paumé(e).   Ich habe mich verlaufen.
(verloren)
Je me suis gouré(é).   Ich hab' mich verirrt.
(verirren)
Je me suis planté(é).   Ich hab' mich verfranzt.
(eingepflanzt)   (auch: Ich hab' ir-
                                gendwas falsch gemacht!)

Rumhängen oder 'was losmachen?

Und wenn man sich nicht die Nacht auf dem Bahn-
hof um die Ohren schlagen will (wovon abzuraten
ist), dann sucht man eine Schlafgelegenheit - nicht
immer ein Hotel -, oder ein Plätzchen zum unterkom-
men:

Je ne sais pas où crècher. Ich weiß nicht wo ich
                                pennen kann.
T'as pas une crèche?   Kann ich bei dir pen-
(Krippe/Wiege)   nen/unterkommen?
se pieuter   sich in die Falle/Kiste
                                hauen
trainer   rumhängen
zoner   sich rumtreiben
Il va se démerder!   ⎫
(entscheißen)   ⎪
Il se démerde.   ⎬   Der wird schon klar-
Il se débrouille.   ⎪   kommen!
(entwirren)   ⎭

24

Es ist natürlich viel interessanter die Nacht anders als schlafend zu verbringen. Was unternehmen ist angesagt!

faire la bringue; bringuer	einen drauf machen, einen saufen gehen
se faire une sortie (Ausgang)	was unternehemen/abends weggehen
sortir le soir/la nuit	abends/nachts was losmachen
s'éclater (platzen)	total abfahren/die Sau 'rauslassen
prendre son pied (seinen Fuß nehmen)	einen Riesenspaß haben
On se fait un boeuf! (Wir machen uns einen Ochsen!)	Jetzt lassen wir die Sau 'raus!
aller au théâtre	ins Theater gehen
aller à l'opéra	in die Oper gehen
le cinoche	das Kino (umgangsspr.)
aller voir un film	sich einen Film ansehen gehen
se faire une toile (ein Gemälde)	sich einen Film angukken
aller danser	tanzen gehen
la boîte (die Büchse)	die Disco
sortir en boîte	in die Disco gehen
aller au bordel	ins Bordell gehen
aller voir les putes	zu den Nutten (auf den Straßenstrich) gehen

25

Abends ausgehen ist für einen Franzosen mit einem umfangreichen Programm verbunden: Apéritif trinken, Essen gehen, ins Kino, in die Disco oder in eine Bar gehen, etc.. Eine Kneipenkultur wie in der Bundesrepublik gibt es in Frankreich nicht! Es gibt **bistros** und **cafés**, die man aber hauptsächlich tagsüber besucht und die meistens schon zwischen 20.00 und 21.00 Uhr schließen. Aber bis dahin kann man hier beim Apéritif, dem **apéro**, richtig zuschlagen.

Trinken: L'apéro au bistro

le troquet	die Kneipe
le zinc	die Kneipe
la buvette	die Stehkneipe
le comptoir	die Theke, der Tresen
le bar	die Theke, der Tresen
se mettre au bar	sich an die Theke stellen
boire un verre	was trinken
prendre un verre	ein Glas trinken
boire un pot/un coup	einen trinken
(einen Topf/einen Schlag trinken)	
boire un canon	n'en Glas Rotwein
(eine Kanone trinken)	trinken
s'en jeter un derrère la	sich einen hinter die
cravate (sich einen hinter	Binde kippen
die Krawatte werfen)	
J'ai le gosier sec!	Ich hab 'ne trockene
	Kehle!
un alcool bien tassé	ein starker Schnaps
Il ne faut pas faire de	Schütt' randvoll ein!
faux col!	
(falscher Kragen)	
la tournée	die Lokalrunde
le pinard	der Wein
un ballon (de rouge/de	ein Glas Wein (Roten/
(der Ballon) **blanc/...)**	Weißen/...)

Paul et Maurice installent la table pour l'apéro...

une blonde (eine Blonde)	ein Bier, ein Helles
une brune (eine Braune)	ein dunkles Bier
une pression (ein Druck)	ein Gezapftes/Bier vom Faß
un demi	ein normales, gezapftes Bier (0,2 l)
un vrai demi (ein echter Halber)	ein Halber (0,5 l)
un véritable (ein wahrhaftiger)	ein Liter Bier/eine Maaß (1 l)
un 51	ein Pastis (Marke 51)
un péroquet (ein Papagei)	ein Pastis mit Pfefferminzsirup
une tomate (eine Tomate)	ein Pastis mit Grenadine (Granatapfelsaft)
la flotte	das Wasser

Der Begriff des **Apéritifs** ist extrem dehnbar. Elementar ist nur, daß er vor irgendeiner Mahlzeit (das Frühstück gilt in Frankreich nicht als Mahlzeit!) eingenommen wird. Manche beginnen also mit dem Apéritif kurz **nach** dem Frühstück. Über die Quantität der Alkoholaufnahme sagt der Begriff eigentlich nichts aus. Das kann dann natürlich übel ausgehen.

être gris (grau sein)	angesäuselt sein
être noir (schwarz sein)	blau sein
être saoul(e)	betrunken sein, dicke sein
être bourré (gestopft)	besoffen sein, abgefüllt sein
être paf	steif sein, einen in der Birne haben
être petê(e)	breit sein
être plein (voll)	besoffen sein (nur für Männer)

Il est rond comme une menche de pelle!
rund wie ein Schaufelstiel
Er ist hacke-voll.

Il est raide mort!
steif tot
Er ist totensteif.

Il/elle s'est saoulé(e) la ruche.
sich in den Bienenstock stechen
Er/sie hat sich die Hucke vollgesoffen.

28

Il/elle s'est saoulé(e) la gueule.
Er/sie hat sich einen 'reingezogen.

prendre une cuite/   sich besaufen
          une biture

Il a pris une bonne murge.
Er hat sich total vollaufen lassen.

Il est ronde comme une bille.
Er ist rund wie eine Murmel.
Er ist voll wie eine Haubitze.

Und wenn es dann nach Hause geht:

se casser la gueule	auf die Schnauze fliegen
se casser la figure	lang hinschlagen
(Gesicht zerschlagen)	
se ramasser une buche	sich auf die Schnauze
(sich ein Holzscheit aufheben)	legen
être déboussolé(e)	vollkommen den Über-
(wie ein kaputter Kompaß sein)	blick verlieren
perdre le nord	die Orientierung verlie-
(den Norden verlieren)	ren

pipi - caca : Toilette & Co.

Alle wissen natürlich, daß das "deutsche" Wort
'Toilette' aus dem Französischen stammt. **La toilette**
bedeutet ursprünglich - und auch heute noch - in
der französischen Sprache "der Waschtisch" oder
auch "die (äußere) Aufmachung" (was man im Deutschen in dem Ausdruck "Toilette machen" findet).
   "Auf's Klo gehen" heißt im Französischen i.a.
aller aux toilettes oder **aller au WC**. In diesem Zusammenhang kommt man natürlich nicht umhin, an
das berühmte französische **pissoir** zu denken, eine

fast kulturspezifische Einrichtung, die früher überall in den französischen Städten existierte (und
heutzutage im Verschwinden begriffen ist) und die
übrigens nur der männlichen Bedürfnisstillung dien-
te.

faire pipi	Pipi machen, pinkeln
pisser	pissen
changer l'eau du poisson	pinkeln gehen
(das Wasser im Aquarium wechseln)	
faire pleurer la gosse	einen auspissen
(das Kind zum Weinen bringen)	
faire caca	einen Haufen machen
chier	kacken, scheißen
couler un bronze	einen abladen, einen
(eine Bronze gießen)	Schiß absetzen
les chiottes	das Scheißhaus
la chiasse	der Dünnschiß
avoir la courante	Dünnschiß haben
peter	furzen
le pet	der Furz
lâcher un pet/un prout	einen fahren lassen
lâcher une caisse	einen Furz ablassen
(eine Kiste lassen)	
loufer	furzen

...JOE, LE PROPRIÉTAIRE DU JOE'S BAR, QUI
AVAIT 30 SAUCISSES DANS SON FRIGO, Y
LANÇA UNE GRENADE.—

BLAM!

J'ai une de ces faims.
Ich hab' einen Mordshunger.

J'ai la dalle.
ich habe eine Steinplatte
Ich hab' Hunger.

J'ai l'estomac dans le talons.
Ich habe den Magen in den Fersen.
Mir hängt der Magen in den Kniekehlen.

Irgendwie und irgendwo muß man dann zum Essen
schreiten. Sehr oft laden Franzosen sich gegenseitig
zu Hause zum Essen ein. Dort ist man unter sich
und weiß, was man ißt und bestimmt, mit wem man
essen will.
    Aber man geht auch gern und oft ins Restaurant:
möglichst einmal die Woche, wenn's geht auch häufi-
ger. Das müssen dann nicht die teuersten Spitzen-
restaurants sein, sondern viel lieber geht man ins
resto du coin (= das Restaurant um die Ecke), oder
in sein Stammlokal, in dem das Preis-Leistungsver-
hältnis noch optimal stimmt. Viele Franzosen und
Französinnen, die in der Stadt arbeiten oder während der Mittagspause nicht nach Hause fahren können, gehen auch Mittags ins Restaurant und nehmen
dort einen speziell angebotenen Mittagstisch (**le plat
du jour**) zu sich.

aller bouffer	essen/spachteln gehen
se faire une bouffe	sich ein Essen gönnen
se faire un guèeuleton	ein richtiges Freßgela- ge veranstalten
casser la croûte	kurz mal was Kleines
(die Kruste zerbrechen)	essen
grignoter	was Kleines knabbern

31

manger sur le pouce (auf dem Daumen essen)	was im Stehen (aus der Faust) essen
le fast (le fastfood)	das Fast-Food-Restaurant (Typ "MacDonald")
le macdo	ein MacDonald (T.E.)
le self	das Selbstbedienungsrestaurant
le snack	das Schnellimbißrestaurant

In einem richtigen Restaurant bestellt man entweder nach der Speisekarte (**à la carte**) oder man wählt ein **ménu**, von denen meist mehrere verschiedener Preisklassen und unterschiedlichen Umfangs angeboten werden. In bekannten Restaurants ist angeraten, einen Tisch vorzubestellen (**réserver une table**) für die entsprechende Anzahl von Personen (**les couverts** = Gedecke). Und dann kann's losgehen:

l'apéritif	der Apéritif
les amuses-gueule (die Spaßmacher für die Schnauze)	die Appetithäppchen
l'entrée (der Eingang)	die Vorspeise
l'hors d'oeuvre	die Vorspeise
le plat (die Platte)	das Hauptgericht
les légumes	die Gemüsebeilagen zum Hauptgang (die je nach Region und Sitte auch erst nach dem Fleisch- oder Fischgericht gegessen werden)

les accompagnements	die Beilagen
le plateau de fromage sec	die Käseplatte
oder (trocken)	
le fromage blanc	der Weichkäse/Quark
(**avec** oder **sans** "**crème**")	(mit oder ohne flüssige Sahne)
les desserts	die Nachspeisen
le charriot de desserts	der Wagen mit dem Dessertangebot

Zum Essen trinkt man in einem normalen Restaurant i.a. Wein: Rotwein (**du rouge**), Weißwein (**du blanc**) oder Roséwein (**du rosé**). Wein wird nicht nur in Flaschen angeboten:

une bouteille	die Flasche
une carafe	eine Karaffe
un pichet (**un petit/**	ein Krug (kleiner/großer
un grand)	(0,25 l oder 0,5 l))
du vin en pichet	offener Wein
un pot	eine kleine Flasch offener Wein (0,7 l)
(Topf)	(wird nur in manchen Gegenden angeboten, z.B. in der Rhône-Region)

Das Essen wird abgeschlossen mit dem üblichen **café** oder **express**. Für die, die nach einer solchen Coffeinbombe nicht schlafen können, gibt's einen **déca** (café décaffeïné), (= ein Coffeinfreier Kaffee), eine **tisane** (ein Kräutertee) oder eine **infusion** (= Kräuterteeaufguß).

Zum **café** kann man, wenn man will, einen **pousse café** (Kaffeedrücker) trinken: einen Likör oder Schnaps, der hilft, den Kaffee runterzuspülen, und danach gibt's dann natürlich den **digestif**, der die Verdauung in Gang setzen hilft, und der ebenfalls aus

einem härteren Getränk (**un petit alcool**) besteht:
cognac, **armagnac**, **eau de vie** (=Schnaps), etc..

s'en mettre jusque là (sich's bis dahin stecken)	sich bis obenhin voll- fressen
aller grailler	sich den Wanst voll- schlagen/futter gehen
J'ai les dents du fond **qui baignent!** (Meine Zähne baden schon!)	Mir steht's Oberkante Unterlippe!
se bâfrer	sich vollfressen
se goinfrer	sich vollstopfen
le goinfre	der Vielfraß
le gourmet	der Feinschmecker

Und danach ...

Essen und trinken im Restaurant ist natürlich nicht
alles, was man nachts unternehmen kann, vor allem
das Trinken kann man anderenorts noch weiter fort-
setzen. Da es wie bereits gesagt in Frankreich keine Kneipen gibt, geht man in einen **pub** (wie im
Englischen) oder **le bar** - keine Bar im deutschen
Sinne mit all den unseriösen Assoziationen und Prei-
sen - sondern eine eher komfortable Lokalität mit
intimer Beleuchtung aber seriösem Charakter (natürlich nicht immer), wo man hauptsächlich auf den
Ausschank alkoholischer Getränkt, Typ "Cocktail",
spezialisiert ist. Das "Trinkvokabular", das weiter
vorne aufgelistet ist, gilt natürlich auch für diesen
Bereich.

le fric - les sous

Geld - **le fric** - spielt wohl die wichtigste Rolle,
wenn es darum geht auf korrekte und/oder komfortable Weise in fremden Landen zurechtzukommen. Und
auch zu diesem Bereich bietet die Umgangssprache
ein spezielles Vokabular an, das teilweise mit lan-
desspezifischen Eigenarten verknüpft ist. Die folgenden Übersetzungen sind austauschbar:

le fric	die Kohle
les sous/les tunes	die Kröten
le pognon/la fraîche	die Knete
(die Frische)	
le blé (der Weizen)	die Mücken
l'oseille (Sauerampfer)	das Moos

Es ist wichtig zu wissen, daß auch heute noch in
der französischen Umganssprache vielfach Geldsum-
men nicht in der aktuellen Franc-Währung (d.h.
1 Franc = 100 Centimes) ausgedrückt werden, sondern viele Franzosen zählen noch in der schon 1958
abgeschafften alten Rechnungsweise (d.h. 1 Franc =
1 Centime). Man muß also immer genau unterschei-
den, ob von dem Gesprächspartner in alten Francs -
anciens francs (= Centimes) - oder in neuen Francs
- **nouveaux francs** (= Francs) - gerechnet wird.
Summen in alten Francs sehen gleich viel imposan-
ter aus. So werden aus 100 (neuen) Francs gleich
10 000 (alte) Francs, aber das sagen Franzosen
nicht immer dazu und man muß es aus dem Zusammenhang erschließen oder eben erfragen, was übrigens auch viele Franzosen im Zweifelsfall tun.
    Außerdem wird "Franc" häufig umgangssprach-
lich durch **balle** (Kugel) ersetzt. Im allgemeinen gilt,
daß **balle** bei niedrigen Summen "alte Francs" bedeutet, bei höheren Summen eher "neue Francs". Aber
auch da gibt es Ausnahmen und andere umgangs-

sprachliche Bezeichnungen zusätzlich. Also, eine große Verwirrung! Hier trotzdem eine kleine Umrechnungstabelle:

1 million francs	1 Million neue Francs
1 million	10 000 neue Francs
1 000 balles	1 000 neue Francs
100 balles	100 alte Francs
	(= 1 neuer F.)
10 balles	10 neue Francs
2 balles	2 neue Francs
10 sacs (zehn Beutel)	100 neue Francs
une brique (ein Backstein)	10 000 neue Francs
un baton (ein Knüppel)	10 000 neue Francs
une plaque (eine Platte)	10 000 neue Francs

zahlen

La note est salée.
Die Rechnung ist gesalzen.

Ça coute les yeux de la tête!
Das kostet die Augen im Kopf.
Das kostet ein Schweinegeld!

Ça coute trois fois rien!
Das kostet dreimal nichts!
Das kostet so gut wie nichts!

Il a fait un chèque en bois!
Scheck aus Holz
Er hat einen ungedeckten Scheck ausgestellt.

Il a laissé une ardoise!
Schiefertafel zurücklassen
Er hat die Zeche geprellt.

Il est fauché.
Er ist abgemäht.
Er ist abgebrannt.

faire la manche
Ärmel
betteln gehen

Il a claqué tout son fric.
Er hat seine ganze Kohle durchgebracht.

Il a fauché tout son argent.
Er ist sein ganzes Geld losgeworden.

On lui a fauché son fric.
Man hat im seine ganze Kohle abgenommen.

Il s'est fait piquer son fric.
Ihm haben sie seine Kohle geklaut.

Il est dans la dèche.
Er steht in der Kreide/sitzt in der Klemme.

C'est un radin/un rapiat.
Der ist ein Geizkragen.

Il est radin.
Er ist geizig.

se taper cent balles
1 Franc erbetteln

"T'as pas cent balles?"
"Haste nich mal 'nen
 Franc für
 mich?

Überall riskiert man, Leute zu treffen, kennenzulernen oder ihnen vorgestellt zu werden. Man sollte dann entsprechende Ausdrücke verstehen, um zu wissen, wie die Beziehungen zwischen den verschiedenen Personen beschaffen sind, damit es zu keinen Mißverständnissen kommt!

Les gens sympas - nette Leute

mon copain	mein Freund
ma copine	meine Freundin
mon pote	mein Kumpel
mon mec/type	mein Typ (für Mädchen)
ma nana	meine Alte (für Jungen)
mon frangin	mein Bruder
ma frangine	meine Schwester
mon beauf	mein Schwager
mon fiston	mein Sohn
mon pépé	mein Großvater
ma mémé	meine Großmutter
ma belledoche	meine Schwiegermutter

Manche Leute sind einfach nicht einzuordnen und daher suspekt - oder werden mißtrauisch beäugt, weil sie gerade so gut in eine Kategorie passen:

un pequenot	ein Bauerntrampel
un intello	ein Intellektueller
un drôle de numéro (lustige Nummer)	ein komischer Typ
un dingue	ein irrer Typ
un punk	ein Punker
un skin	ein Skinhead
un babacool	ein lässiger Typ (Althippie)
un branché (Eingestöpselter)	ein Typ, der die neuesten Sachen drauf hat
un fana	ein fanatischer Typ
un écolo	ein Grüner/Öko
un zigotto	ein komischer Heini
un prolo*	ein Prolet

Das gilt natürlich vor allem für Ausländer, für die es eine ganze Reihe von abschätzigen Ausdrücken gibt. Viele diskriminierende Ausdrücke, die man nicht benutzen sollte!

un métèque*	ein lästiger Ausländer
un bougnoul*	ein Nordafrikaner
un melon*/beur/bie*/ (Melone) **bicot***	ein Nordafrikaner/ ein Araber
un pied-noir (Schwarz-Fuß)	ein in den nordafrikanischen Kolonien geborener Franzose
un chinetoque*	ein Gelber (eigentlich: Chinese)
un boche*/un schleu*/ **un teuton**	ein Deutscher

un angliche	ein Engländer
un amerloque	ein Amerikaner
un macaroni*/un rital*	ein Italiener
un bronzé*	ein Dunkelhäutiger
(Gebräunter)	
un viet*	ein Vietnamese

Wenn man übrigens manchmal in der französischen
Provinz (alles was nicht zu den drei Pariser Départe-
ments gehört) die Einschätzung **"C'est un parisien!"**
(Das ist ein Pariser!) hört, so ist das manchmal
abschätzig gemeint für einen Bewohner der französischen Hauptstadt, über die das Vorurteil herrscht,
daß sie sich für etwas Besseres halten!

Les gens du milieu

Nicht nur nachts, sondern auch tagsüber kann man
in einschlägigen Cafés und Vierteln einer Stadt auf
Leute treffen, die man zum sogenannten "Milieu"
zählt. In vielen französischen Großstädten gehören
sie zum alltäglichen und all-nächtlichen Straßenbild
der Innenstädte, Eros-Center im Vorstadtghetto gibt
es in Frankreich nicht. Und über diese kleine Welt
spricht man umgangssprachlich ganz selbstverständlich.

mon homme **le maquereau** (Makrele)	mein Beschützer (der Zuhälter)
le jules/julot **le régulier** (der Reguläre)	der Loddel
la pute **la roulure** **la tapineuse**	die Nutte
faire une passe	einen Kunden abschleppen
faire le trottoir (Bürgersteig) **faire le tapin** (heimlich) **tapiner**	auf den Strich gehen
une trainée	eine Rumtreiberin
un traine-savates	ein Rumtreiber, Rumlungerer /ein Bettler
un zonard	ein rumlungernder Halbstarker
un loubard/ **un loub**	ein Rocker, Halbstarker, Rowdie
un blouson noir (schwarze Jacke)	Rocker
rocker	Rocker
le clodo/la cloche	der Obdachlose, Clochard
la fripouille	der Widerling
la pègre	das kriminelle Milieu
faire une casse	einen Bruch machen

Dieses "Milieu" verfügt natürlich über spezielle Bezeichnungen für seine Gegner, die Polizei:

les lardus	**les poulets** (die Hühnchen)
les keufs	**les vaches** (die Kühe)
les poulardins	**les préds-plat** (die Plattfüßler)

22 (vingtdeux) voilà les flics!
Achtung, die Bullen kommen!

Ein anderes Milieu mit anderen Spezialausdrücken ist die Drogenszene:

le (la) camé(e)	jemand, der unter Drogen steht oder sie regelmäßig nimmt
le junkie	der Fixer
le dealer	der Drogendealer
le toxico	der Drogensüchtige
se piquer	fixen/an der Nadel hängen
se shooter	fixen/an der Nadel hängen
un pétard (ein Knaller)	ein Joint
un joint	ein Joint
se fumer un joint	einen Joint rauchen
la came	die Droge
la dope	die Droge
le shit/la merde	
l'herbe	das Haschisch
le kif	
la coke	das Kokain
sniffer	schnüffeln
l'acide	LSD
la poudre (Puder)	
la neige (Schnee)	das Heroin
l'overdose	die Überdosis
être en manque	einen Turkey haben/auf Entzug sein

42

flipper les chains

Die Medien

Die Medien, insbesondere die elektronischen, erfreuen sich in Frankreich großer Beliebtheit. Insgesamt nennt man in Frankreich Radio, Fernsehen, Video, Bildschirmtest, Bücher, Zeitungen, usw.: **la communication** et **les médias**:

la télé	das Fernsehen
la chaine	der Fernsehkanal
(die Kette)	
la télécommande	die Fernbedienung
zapper; flipper les chaines	von einem Kanal zum anderen hin- und herschalten
le zappeur	jemand, der mit der Fernbedienung spielt
le zapping	ständiges Umschalten
l'émission	die Sendung
le feuilleton	die Unterhaltungssendung/Fernsehserie
les informations	die Nachrichten
la météo	die Wetternachrichten
le speaker/la speakerine	der/die Fernsehansager/-in
le magnetoscope	der Videorekorder
le camescope	der Camcorder
la vidéo	der Videofilm
la cassette vidéo	die Videokassette
enregistrer une émission	eine Sendung aufzeichnen
la radio	das Radio
la FM	der Radiosender
la radio libre	der freie Radiosender

43

le minitel	das französische Pendant zum deutschen Btx-System
miniteller	das Minitel-Gerät benutzen
le téléphone rosé (rosa Telephon)	private Anbieter von Telephon-Sex-Nummern, die über Minitel angewählt werden können
passer un coup de fil, **bigophoner,** **donner un coup de turlu** }	telephonieren
le quotidien	die Tageszeitung
l'hebdomadaire	die Wochenzeitung
le magazine	die Illustrierte
le canard (die Ente)	umgangssprachl.: die Zeitung/das Blatt
le torchon (der Lappen)	das Schmierenblatt
un gratte-papier (Papierkratzer)	ein Schreiberling
gribouiller	kritzeln
le bouquin	das Buch
la Bande Dessinée	der Comic-Band
la B.D.	·der Comic

LE MINITEL CIRCUS
reçoit le prix Hermès

Vous connaissez Hermès ?
Pour les anciens, c'était le dieu des messagers. On dirait aujourd'hui de la Communication. C'est donc très justement que le CNC (*Centre national de la Cinémathèque*) et la DGT (*Direction générale des télécommunications*) de *Vidéotex Magazine* ont choisi son nom pour décerner le Prix du Meilleur Service Minitel.
... comme la télévision ou le cinéma, la télématique est récompensée.

44

boulot et dodo

arbeiten und ausruhen

Arbeit und Freizeit gehen Hand in Hand. Der eine arbeitet, um zu leben, der andere lebt, um zu arbeiten. Wobei das letztere weniger der französischen Lebenseinstellung entspricht. So wie man "den" Deutschen nachsagt, sie seien besonders arbeitseifrig, so heißt es von "dem" Franzosen, er sei ein Lebenskünstler. Aber es wäre sicherlich falsch, der französischen arbeitenden Bevölkerung das Image anzuhängen, sie sei nur auf Müßiggang bedacht.

le boulot – die Maloche

bosser
   malochen
Il se fait du pognon/du fric.
   Er macht viel Kohle.
avoir la dent (den Zahn haben)
   den richtigen Biß haben
avoir les crocs
   den richtigen Biß haben
faire marcher les affaires (die Dinge gehen machen)
   den Laden schmeißen
faire tourner la boîte (die Büchse drehen machen)
   etwas am laufen halten
Il est débordé par le travail.
   (überlaufen von der Arbeit)
   Ihm wächst die Arbeit über den Kopf.
le forcing
   der Gewaltakt, der Kraftakt
faire du forcing
   alle Kräfte auf eine Arbeit konzentrieren
être au labour
   knechten, hart schuften

45

manger à tous les rateliers (in allen Heuhaufen essen)
  in allen Töpfen gleichzeitig rühren
arrondir ses fins des mois (seine Monatsenden aufrunden)
  sein Gehalt am Monatsende irgendwie aufbessern
Il fait feu de tous bois!
  (Er macht Feuer mit jedem Holz)
  Ihm ist jedes Mittel recht!
C'est la galère! (Das ist die Galeere.)
  Was für eine Schufterei!

Häufig sind die, die sich so richtig in die Arbeit
stürzen, nicht die Beliebtesten bei Mitarbeitern und
Kollegen und werden - (zu unrecht?) - mit schmähenden Ausdrücken bezeichnet.

faire des rondes jambes (runde Beine machen)
  katzbuckeln
faire le lêche-cul (Arschlecker)
  ein Arschkriecher sein
fayoter
  dem Chef in den Arsch kriechen
le larbin
  der Knecht (des Chefs)
essuyer les plâtres (den Putz abwischen)
  die Dreckarbeit machen

46

se faire remonter le bretelles
  (sich die Hosenträger hochziehen lassen)
  zusammengestaucht werden
s'en ramasser une
  eine richtige Anschnauze einstecken
prendre un coup de pipeau
  (einen Schlag auf die Pfeife kriegen)
  einen auf den Deckel kriegen
On le prend pour un guignol. (Kasper)
  Man hält ihn für den Hampelmann.
faire le guignol
  den Hampelmann spielen
être un cancre
  Klassenletzter sein

Viré! - Gefeuert!

Bei uns wird man gefeuert. In Frankreich drückt
man sich nicht so drastisch aus: dort wird man "gewendet".

On l'a viré! (gewendet)
  Er ist gefeuert worden!
On l'a vidé! (ausgeleert)
  Man hat ihn rausgeschmissen!
On l'a foutu à la porte! (machen, setzen)
  Man hat ihn vor die Tür gesetzt!
On l'a flanqué à la porte! (geschleudert)
  Er ist rausgeflogen!
Il s'est fait jeter! (werfen)
  Er hat's so weit getrieben, daß er gefeuert
  wurde!
Il a pris la porte! (die Tür genommen)
  Er hat gekündigt!
J'ai tout largué! (sausen lassen)
  Ich hab' alles hingeschmissen!

47

magouiller
  rumtricksen, kungeln
C'est la magouille!
  Das ist ein einziger Klüngel/Filz!
la combine (die Kombination)
  die Beziehung
faire une combine
  eine Beziehung spielen lassen
le piston (der Kolben)
  die Connection
être pistonné
  hochgepusht werden (durch Beziehungen)
distribuer des pots de vins
  (Weintöpfe (-krüge) verteilen)
  Schmiergelder verteilen

48

Salut la zone!

Begrüßung

Salut!	Hallo! Hey!
Salut les gars!	Hallo Jungs!
Salut les mecs!	Hallo Typen!
Salut mon vieux!	Hallo Alter!
Salut ma vieille!	Hallo Alte!
Salut la zone! (Gebiet, Gegend)	Hallo zusammen!
Salut la faune! (Fauna)	Hallo Leute!
Comment ça va?	Wie geht's, wie steht's?
Ça va?	
Ça boume?	Alles klar?
Ça roule? (Rollt es?)	

Antwort:

Ça va!/Ça boume!/Ça roule! Alles klar!/Alles easy!

Verabschiedung

J'y vais!	Ich hau ab!
Je me sauve! (retten)	Ich zisch ab!
Je me tire! (ziehen)	Ich mach die Biege!
Je me barre! (verriegeln)	Ich verzieh' mich!
Je me casse! (zerbrechen)	Ich verzieh' mich!
Salut!	Bye, bye! Tschüß!
Ciao!/Tchao!	Tschüß!
A la prochaine!	Bis demnächst! Bis bald!

rumquatschen

causer/tchatcher/papoter
    quatschen/plaudern/quatschen, tuscheln
faire la causette
    ein bißchen 'Small talk' machen

raconter des conneries (Dummheit)
    dummes Zeug plappern
raconter des salades
    Blödsinn erzählen
baratiner/faire du baratin
    einen vom Pferd erzählen
baragouinner (radebrechen)
    rumstammeln (auch für Ausländer, die die
    Sprache nicht gut beherrschen)
mettre des bémols (Moll-Tonart auflegen)
    etwas sehr differenziert ausdrücken
Il en fait tout un plat.
    (Er machte daraus eine ganze Platte.)
    Er läßt sich lang und breit darüber aus.
Il en sort des vertes et des pas mûres.
    (Er holte Grüne und Unreife raus.)
    Er redet völlige Scheiße/unreifes Zeug.
Cause toujours, tu m'interesse!
    Rede du nur! Du kannst mir viel erzählen!

50

Die Sprache, die aus dem Bauch kommt (und manchmal unter die Gürtellinie geht)

Das umgangssprachliche Französisch hat eine erstaunliche Auswahl an Ausdrücken, um jemandem seine Abneigung kundzutun, sich abfällig über jemanden oder etwas zu äußern, oder seine Verachtung auszudrücken. Und dies geschieht i.a. auf sehr drastische Weise. Daher sind einige der folgenden Ausdrücke auch nur mit großer Vorsicht zu gebrauchen.

Viel geringer scheinen die Wendungen zu sein, mit denen man seine Sympathie oder seine Begeisterung über etwas oder jemanden zum Ausdruck bringen kann.

Crevé! - Kaputt!

Besonders reich ist die Umgangssprache, wenn ausgedrückt werden soll, daß es einem miserabel geht!

J'ai les jambes/le cerveau en compote!
(Ich habe Beine/Gehirn aus Kompott.)
Ich habe Pudding in den Beinen/im Kopf!

J'ai les jambes coupées!
(Ich habe die Beine abgeschnitten.)
Ich bin ganz wackelig auf den Beinen!

J'ai les jambes en coton!
(Ich habe die Beine aus Baumwolle.)
Ich klapp gleich zusammen!

Je suis flagada!
Mir ist ganz flau/mulmig!

Je suis à plat!
Bei mir ist die Luft 'raus!

Je suis raplaplat!
Ich bin total fertig.

J'ai un coup de pompe!
(Ich habe einen Pumpenschlag.)
Ich hab' gerade einen Tiefpunkt!

J'ai un coup de barre!
Ich bin plötzlich schrecklich müde!

Je suis crevé! (krepiert)
Ich bin kaputt!

Je suis vidé. (geleert)
Ich bin völlig k.o.!

Je suis H.S.! (Hors Service)
(Ich bin außer Betrieb.)
Ich bin fix und fertig!

Je suis claqué! (geklatscht)
Ich bin fix und fertig!

Je suis au bout du rouleau!
(Ich bin am Ende der Rolle.)
Ich bin am Ende meiner Kräfte!/
Ich bin völlig von der Rolle!

Je suis sur les rotules!
(Ich bin auf den Kniescheiben.)
Ich kann nur noch kriechen.

Je n'en peux plus!
Ich kann nicht mehr!

Je suis mort! (tot)
Ich bin völlig geschafft!

Je craque! (Ich krache.)
Ich halt's nicht mehr aus!/
Ich brech' zusammen!

J'ai la petoche!
J'ai la frousse! (Angst) } Ich hab' Angst!

J'ai la trouille!
ich hab' Schiß!

Je me fais du mauvais sang.
(Ich mache mir schlechtes Blut.)
Ich mach' mir echt Sorgen!

Au dodo! - Ab ins Bett!

pioncer
schlafen, pennen
roupiller
ratzen, knacken
piquer un roupillon
wegratzen, ein Schläfchen machen
piquer une somme (Summe)
sich auf's Ohr hauen
se pieuter
sich in die Falle/die Poofe hauen
le pieu
die Poofe
faire la grasse matinée (einen fetten Morgen machen)
sich richtig ausschlafen
se mettre les doigts de pied en eventail
(die Zehen zum Fächer machen/fächerförmig ausbreiten)
sich auf die faule Haut legen

à l'hosto - krank sein

choper une maladie
sich eine Krankheit holen, krank werden
choper une microbe/un virus
sich einen Virus/einen Bazillus einfangen
Quelqu'un lui a collé une saloperie! (geklebt)
Jemand hat ihn mit irgendeiner Sauerei an-
gesteckt!
le toubib
Arzt, Quacksalber
l'hosto
(umgangssprachlich) das Krankenhaus
le billard (der Billardtisch)
der Operationstisch
Il est passé sur le billard!
Er ist auf dem O.P.-Tisch gelandet!

Il péte la forme/le feu!
(Er furzt vor Kraft/Feuer)
Er strotzt vor Gesundheit!
J'ai la forme!
Mir geht's super!
J'ai la pêche!
(Ich habe den Pfirsich/den Fischfang!)
Ich bin super drauf!
Il est crevé!
Er ist abgekratzt!
Il a passe l'arme à gauche.
(die Waffe nach links weiterreichen)
Er hat den Löffel abgegeben.

J'ai glandée. (Schweinemast)
Ich hab' rumgefaulenzt.
J'ai traîné. (in die Länge ziehen)
Ich hab' rumgehangen.
Il ne branle rien. (wichst nichts)
Der schafft nichts
Il ne fout rien. (schmeißen)
Der tut überhaupt nichts.
Il ne fiche rien. (Nagel einschlagen)
Der kriegt nichts geregelt.
Il se les roule. (sich's ruhig rollen lassen)
Er läßt's ganz ruhig angehen.
Il se la coule douce. (sich's sanft fließen lassen)
Der schiebt 'ne ruhige Kugel.
Il n'en rame pas une! (Er rudert nichts!)
Der macht nicht die geringste Anstrengung!
Il a une vie pénarde.
Der hat den richtigen Lenz.
Pénard!
Du Faulenzer!

Veinard!
   Du Glückspilz!
tranquillo!
   Immer mit der Ruhe!
Cool!
   Relax! Immer cool bleiben!
Relax!
   Entspann' dich! Nicht so verkrampft!
Y'a pas le feu! (Da ist kein Feuer!)
   Laß' langsam angehen! Immer langsam!
C'est un flemmard!
   Das ist ein Faulpelz!
J'ai la flemme!
   Ich hab' keinen Bock!
J'ai fais ça les doigts dans le nez!
   (Das habe ich mit den Fingern in der Nase gemacht.)
   Das hab' ich mit links erledigt!

C'est la merde! - Alles Scheiße!

Manchmal sind die Dinge ganz schön frustrierend
und man findet wirklich alles zum Kotzen. Die französische Umgangssprache verfügt über eine ganze
Reihe von Ausdrücken, um dies recht drastisch mit-
zuteilen.

Eine Möglichkeit Ausdrücke, die mit einem Verb
gebildet werden, in ihrer Intensität noch zu ver-
stärken, ist, das Wort **vachement** (= riesig) nachzu-
stellen, z.B.:

C'est con!   Das ist Scheiße!
C'est vachement con!   Das ist absolute Scheiße!

Es gibt noch eine andere Möglichkeit zu steigern:
Man setzt **hyper** oder **super** vor das Eigenschafts-
wort.

Hyper hat bei diesen Ausdrücken inzwischem mit
dem Verstärkungswort **vachement** mehr oder weniger
gleichgezogen, man findet es aber noch; ein Beispiel:

C'est nul comme truc.   Das bringt's nicht!
C'est vachement nul!   Das bringt's ja
C'est hypernul ce truc!   absolut nicht!
C'est (hyper)chiant ce truc! Das ist ja (absolut)
                                 beschissen!

56

Ça craint (vachement)! (Das fürchtet!)
   Das macht mich (überhaupt) nicht an!/
   Das bringt's (absolut) nicht!
C'est craignos! /C'est galère! (Galeere)
   Das ist total nervig!
C'est la merde!*
   Das ist Scheiße!
C'est de la merde!*
   Was für ein Scheißzeug!
Je m'emmerde!
   Ich find's scheißlangweilig!
La barbe! (der Bart)
   Das ödet mich an!
Ça me dégoute. (nicht schmecken)
   Das widert mich an.
Ça me fait chier!* (macht mich scheißen)
   Das kotzt mich an!/
   Da wird mir schon übel wenn ich nur daran
C'est chiant.*   [denke!
   Das ist beschissen!
C'est l'enfer! (Hölle)
   Das ist ja die Hölle!
Je craque!
   Ich halt's nicht aus! Ich brech zusammen!
Ça me fait craquer!
   Das macht mich völlig fertig!
J'en ai rien à masser!*
   (Ich hab' da nichts zu massieren.)
   Da wichs ich mir einen drauf!
J'en ai rien à branler!* (schütteln)
   Da scheiß ich drauf!
C'est nase!
   Das ist kaputt/im Arsch (für Dinge)!
Les boules!
   Da kommt mir die Galle hoch!
Ça me fout les boules! (Das gibt mir die Kugeln.)
   Das regt mich tierisch auf!

C'est ringard!
   Das hat ja so'n Bart!
C'est du bidon! (Kanne)
   Das taugt überhaupt nichts!
C'est le bordel! (Bordell)
   Das reine Chaos!
Quel bordel!
   Was für'n Chaos!
Quelle salade! (Salat)
   Was für 'ne Bescherung!
Quelle saloperie! (Sauerei)
   Was für 'ne Scheiße!

J'en ai ras le bol! - Schnauze voll!

J'en ai marre.
Ich bin's leid! Das kotzt mich an!
J'en plein le dos!
Jetzt reicht's mir!
J'en ai pardessus de la tête! (bis über den Kopf)
Mir steht's bis hier!
Ich hab' die Nase voll!
Je ne marche plus! (Ich gehe nicht mehr!)
Ohne mich!
Je ne suis pas chaud! (Ich bin nicht heiß)
Das turnt mich nicht an!
J'en ai rien à foutre!*
Das kümmert mich einen Dreck!
J'en ai rien à braire.
(Ich hab damit nichts zu iahen (wie ein Esel).)
Ich kann's nicht mehr am Kopf haben.
J'en ai plein le cul!* (den Arsch voll)
Ich hab' die Schnauze voll!

Je suis foutu! - Ich bin am Ende!

Ça va mal pour moi!
Es steht schlecht um mich!
Je suis cuit! (Ich bin gekocht!)
Ich bin fertig!
Je suis coincé! (eingekeilt)
Ich bin in die Enge getrieben!
Je vais en baver!
(Ich werde deswegen sabbern!)
Das wird mich teuer zu stehen kommen!

Wenn man aber noch einmal davongekommt, kann man sagen:

Je m'en suis tiré! - Ich bin nochmal davon-
gekommen!

59

J'ai du bol!   Glück gehabt!
J'ai du pot!   Schwein gehabt!
J'ai eu de la veine!   Ich hab' Schwein gehabt!
      (Ader)
C'est un vrai veinard! Der ist ein richtiger Glückspilz.
Je me suis démerdé! Ich hab's hingekriegt!

J'ai des ennuis. – Ich hab' Probleme.

avoir des emmerdes
    Ärger haben
avoir des gros pépins (große Körner haben)
    dick in der Klemme stecken
être dans un sacre pétrin (heiliger Backtrog)
    in der Patsche sitzen
être dans de beau draps
    (zwischen schönen Bettlaken stecken)
    ganz schön in der Scheiße stecken
être dans la merde jusqu'au cou
    bis zum Hals in der Scheiße stecken
se faire un enfant dans le dos
    (ein Kind hinter dem Rücken machen)
    eine böse Überrschung erleben

avoir la poisse – Pech gehabt

Je me suis fait avoir.
    Ich hab' mich 'reinlegen lassen.
se faire rouler (sich rollen lassen)
    reingelegt werden,
    sich auf's Kreuz legen lassen
se faire coincer
    sich in die Klemme bringen lassen
se mettre le doigt dans l'oeil
    (sich den Finger ins Auge stecken)
    sich in etwas unheimlich täuschen

60

faire une gaffe (Bootshaken)
    einen Schnitzer machen,
    einen Fehler begehen

ne pas avoir de bol/du pot (keine(n) Schüssel/Topf haben)
    keine Schnitte haben

avoir la poisse
    Pech haben

Ça me porte la poisse!
    Das bringt mir Unglück!

Ça a foiré!
C'est raté! } Das ist schief gegangen!
J'ai fais choux blanc!
    (Ich habe Weißkohl gemacht.)

Ça mal tourné!
    Da ist was schief gelaufen!

C'est tombé à l'eau!
    Das hat nicht geklappt!

Il y a un truc qui me tracasse/qui me travaille!
    Diese Sache bereitet mir Kopfschmerzen!

se faire baiser*
    sich ficken lassen

J'ai la scoumoune!
    Ich bin vom Pech verfolgt.

se faire casser du sucre sur les dos
    (sich Zucker auf dem Rücken zerbrechen lassen)
    schlecht von sich reden hören

une vraie bête

Starker Typ, tolle Frau

Il/elle est super!
Echt starker Typ!/Tolle Frau!
Il/elle est chouette!
Kann ich gut leiden!
Il/elle est sympa!
Netter Typ/nette Frau!
T'es sympa!
Ist echt nett von dir!,
Du bist echt nett!
Un vrai pote!
ein echt guter Kumpel
mignon/mignonne
echt niedlich der Typ/süßes Girl
Il/elle est branché!
Er/Sie ist voll drauf!
Il/elle me branche (bien).
Ich stehe (voll) auf ihn/sie.
Il/elle est fortiche.
Er/sie hat echt was drauf!
C'est une vraie bête! (richtiges Tier)
Der/Die bringt's total!
Il/elle est futé(e). (pfiffig)
Er/sie ist ein kluges Köpfchen.
Il est malin./Elle est maline.
Er/Sie ist ganz schön gerissen.
Il/elle est débrouillard(e).
Er/Sie kommt gut klar.
Il/elle se débrouille bien.
Er/Sie kriegt die Sache sauber hin.
une grosse tête (dicker Kopf)
ein echter Intelligenzbolzen
Il/elle pige vite. (erwischen)
Er/Sie kapiert schnell.

Il est fort! (stark)
Der ist echt stark/bringt's gut!
Il/elle est costaud(e).
Er/Sie ist stark gebaut.
Il est barraqué!
Der ist das reinste Muskelpaket.
Il est balèze!
der Kraftprotz

Eine ganze Reihe von Ausdrücken können nicht nur
für Personen, sondern auch für Dinge verwendet
werden. Sie sollen hier nur einmal aufgeführt werden und zwar im folgenden Abschnitt.

C'est extra!
> Find' ich echt toll!

C'est chouette!
> Toll!

C'est superchouette!
> Supertoll!

C'est hyperchouette!
> Echt wahnsinnig gut!

Super!
> Echt super!

C'est superbien!
> Echt stark! Affengeil!

C'est hyper/hyperbien!
> Das ist ja superaffengeil!

C'est cool/hypercool!
> Stark!/Saustark!

Ça assure! (Das versichert.)
> Das bringt's!

C'est le superpied!
Rattenscharf!

C'est vachement bate!
Irre gut!

C'est genial!
Absolute Spitze!

Le pied! (der Fuß)
Saustark!

La classe!/La grande classe!
Das ist ja 'ne Supersache! Echt Klasse!

C'est dingue ce truc! (verrückt)
Das ist ja die Wahnsinnssache!

C'est marrant!
Das ist ja witzig!

C'est rigolo!
Scharf!

C'est tordant! (krümmend)
Da kringelt man sich ja vor Lachen!

Ça gaze!
Da geht die Post ab!

Ça boume!
Das haut 'rein!

Ça me branche (bien)!
Das macht mich (voll) an!

Ça roule comme sur des roulettes.
(Das rollt wie auf Rollschuhen.)
Das läuft wie geschmiert.

C'est nickel!
Blitzsauber!

Ça marche! (läuft)
Gebongt!

Ça roule! (rollt)
Alles geritzt!

Tout baigne! (Alles badet)
Alles läuft wie geschmiert.

Ça promet! (Das verspricht)
Kommt gut!

avoir le vent en poupe
(den Wind von hinten haben)
Aufwind haben

C'est good.
Das ist gut.

Ça va barder!

Streit und Anmache

In zwischenmenschlichen Beziehungen sind Spannungen natürlich und häufig. Ob man allerdings gleich mit folgendem Vokabular einsteigen sollte, ist fraglich. Trotzdem, vielleicht ist es ganz gut, seinen Gegenüber zu verstehen – damit man weiß, wann man 'die Biege' machen muß.

en vouloir à qn (Il m'en veut.)
(jemandem etwas wollen)
jemandem was nachtragen, anhängen

une engeulade
das Anschreien/Rumschreien

engeuler/s'engeuler
(sich) anschreien

chialer
rumheulen/flennen

(se) faire la geule ((sich) die Schnauze machen)
jemandem (sich gegenseitig) die kalte Schulter zeigen

pester
rumkeifen (meist nur auf Frauen angewandt)

une peste* (Elle est une vraie peste.*) (die Pest)
Nerverin, Nervensäge

être de mauvais poil (von schlechtem Haar sein)
schlechter Laune sein

être mal luné
schlechter Laune sein

faire des histoires (Geschichten machen)
Schwierigkeiten/Ärger machen

une baffe/une claque
eine Ohrfeige

donner une raclé à qn
jemandem eine Tracht Prügel, eine Abreibung verpassen

66

se bagarrer avec qn
sich prügeln/schlagen mit jemandem
la bagarre
Prügelei/Schlägerei
bousiller qn (Il l'a bousillé.)
jemanden zusammenschlagen
rouspêter/râler
rumschnauzen
moufter/broncher
die Schnauze aufmachen (protestieren)
Je ne peux plus le saccer/sentir!
Ich kann ihn nicht mehr ausstehen.
Ça va barder!
Gleich geht's rund!
se bouffer le nez
sich gegenseitig anmachen, sich streiten
Deux claques!/Des baffes!
Einen in die Fresse!/Hau ihm eine runter!
(Je nach Zusammenhang, mehr oder weniger drastisch gemeint.)
Tu vas t'en ramasser une!
Du fängst dir gleich eine ein!
Tu me saoules!* (machst mich besoffen)
Laber mich nicht voll!
Ça me broute!
Das macht mich wahnsinnig!
Ça m'énerve!
Das nervt mich!
faire sortir qn de ses gonds
jemanden zum Aus-der-Haut-fahren bringen
Il y a le torchon qui brûle!
(Da brennt das Handtuch.)
Da gibt's Ärger!
Il y a de l'eau dans le gaz!
(Da ist Wasser in der Gasleitung.)
Der geht gleich in die Luft!
foutre une claque à qn*
jemandem eine runterhauen

casser la geule à qn*
    jemandem die Fresse polieren
Il ne faut pas tirer sur les ambulances!
    (Man darf nicht auf die Krankenwagen schießen.)
    Der Typ ist sowieso fertig!

Fiche–moi la paix! Fous–moi la paix!
    Laß mich in Frieden!
Ecrase!
    Schnauze!
Dégage!/Du vent!/Du balai!/Casse–toi!/Barre–toi!
    Verpiß Dich!
    Mach die Biege!

Lache-moi les baskets!
(Laß meine Turnschuhe!)
Laß mich in Ruhe!

Va voir si j'y suis!
(Sieh nach ob ich dort bin.)
Laß mich bloß in Ruhe! Hau bloß ab!

Tu me pompes l'air!
(Du nimmst mir die Luft weg.)
Du gehst mir auf den Geist!

Tu me tapes sur les nerfs!
(Du haust mir auf die Nerven.)
Du gehst mir auf die Nerven!

Tu me casses les pieds!
(Du machst mir die Füße kaputt.)
Ich kann dich am Kopf nicht ab!

T'es un casse-pieds!
Du bist eine Nervensäge!

Vas-te faire foutre!*
Verzieh dich! Zieh Leine!

Ta gueule!/Ferme-la! *
Halt die Klappe! Halt Deine Schnauze!

Tu me fais chier!* (machst mich scheißen)
Du kotzt mich an!

Tu m'emmerdes!*
Du Arschloch!

Va te faire enculer !!*
(Laß dich in den Arsch ficken.)
Fick dich doch selbst!/ Arschficker!

Tu me casses les couilles!*
(Du machst mir die Eier (Hoden) kaputt.)
Du gehst mir auf die Eier!

Tu me les gonfles!*
(Du bläst sie mir auf -die Eier)
Du gehst mir auf den Sack!

Tu me pelles le jonc!*
(Du schälst mir den Schwanz!)
Du kannst mich mal am Arsch lecken!

Beleidigungen und Schimpfwörter

Mit diesen Ausdrücken kann man auf drastische Weise zu verstehen geben, was man von seinen lieben Mitmenschen hält. Man kann es ihnen direkt sagen oder aber jedem anderen, der daran interessiert ist (oder auch nicht). Eines ist allen gemeinsam: besser man versteht sie, als daß man sie jemandem zu verstehen gibt.

Il/elle n'est pas très futé!
  Er/Sie ist nicht gerade eine(r) der Intelligentesten.
Il/elle n'est pas trés fut-fut.
  ... nicht ganz klar im Kopf.
Il/elle est benêt. (Dummkopf)
  Er/sie hat einen Sockenschuß.
Il/elle est barjot.
  Er/Sie hat 'nen Schlag in der Pfanne.
Il/elle est cinglé(e).
  Er/Sie ist nicht ganz dicht im Kopf.
Il/elle est taré(e). (beschädigt)
  ... hat 'ne Macke.
Elle est nunuche.
  Sie ist völlig bescheuert.
Il est niais!
  Er ist völlig dösig!/doof!
Il/elle comprend que dalle. (Fliese)
  Er/Sie versteht nicht die Bohne!
Il lui manque une case. (Ihm fehlt ein Feld.)
  Ihm fehlt 'ne Tasse im Schrank.
Il lui manque un boulon. (Bolzen)
  Der hat 'ne Schraube locker.
C'est une vraie poire! (Das ist eine richtige Birne!)
  Was ist das bloß für ein Schwachkopf!/Naivling!

Il n'est pas clair! (ist nicht klar)
Der ist nicht ganz klar in der Birne!
Il/elle est (complètement) nul (le)! (Null)
Der/Die ist eine (absolute) Null!
Il/elle déconne!
Er/Sie spinnt total.
Il/elle est vraiment gonflé(e)! (aufgeblasen)
Der/Die geht wirklich zu weit!
Il/elle est con(ne) comme tout!*
Er/Sie ist so doof, daß es nicht zum Aushalten ist!
Il m'emmerde avec ses trucs à la con!*
Der geht mir total auf die Eier mit seinem Scheiß!
C'est un frimeur!/Quelle frimeur! (Schwindler)
Was für ein Angeber/Lackaffe/Motzer!
Ça frime!
Das/der motzt!

Auch das Äußere ist ein beliebter Ansatz zum Spott:

Il/elle est moche comme tout!
Er/Sie ist abartig häßlich!
C'est un boudin!* (Blutwurst)
Die ist wirklich das Gegenteil von Schönheit!
Il/elle est dégueulasse!*
Er/Sie ist absolut widerlich/abstoßend!
Quelle truie!*
Was für eine dreckige Sau! (für Frauen)
Quel porc!*
Was für ein dreckiges Schwein! (für Männer)
Il/elle est con comme un balai!*
(Er/Sie ist so dumm wie ein Besen.)
Er/Sie ist so doof wie Bohnenstroh!
T'es débile/t'es deb' comme mec!* (schwachsinnig)
Du bist ja völlig bescheuert, Typ!
Il est completement taré/gelé ce mec! (eingefroren)
Der Typ spinnt ja völlig!
Il pète plus haut que son cul.
(Er furzt höher als sein Arsch.)
Der überschätzt sich ganz schön.

Wer ganz beleidigend oder wirklich ausfallend werden will, bedient sich der folgenden Vokabeln (aber Vorsicht!):

Pauvre con/conasse!*
Du Idiot!
Fumier/Conard/Salaud!*
Blöder Kerl! Saukerl! Miststück!
Espèce de salaud/de salopard/de con!*
Scheißtyp!
Conasse! Salope!*
Dumme Kuh!
Espèce de salope/de conasse!*
Miststück!
Espèce de pute!/Pute!*
Fotze!

Espèce de pourri!* (verfault)
  Du stinkendes Miststück! Stück Scheiße!
Enfoiré(e)/Trou du cul!*
  Arschloch!
Trainée!*
  Schlampe!
Merdeux! Merdeuse!*
  Scheißer! Scheißmieze!
Il/elle est con(ne) comme ses pieds!*
  (Er/Sie ist so dumm wie seine/ihre Füße!)
  Er/Sie ist scheißendoof!
C'est un emmerdeur/-euse comme c'est pas possible!*
  Der/Die geht mir absolut auf den Keks!

73

faire un mimi

Das ist natürlich ein höchst interessantes Gebiet.
Und wie bei allem, was tabuisiert, anrüchig oder
auch nur pikant ist, gibt es hier eine wahre Fundgrube von Slang- und Szeneausdrücken. Der Witz
bei der Sache ist natürlich, daß man nicht jeden
Ausdruck in jeder Situation anwenden kann und vor
allen Dingen nicht unbedingt gegenüber dem anderen Geschlecht.

Einige Ausdrücke sind recht zotig, und nicht unbedingt zum Gebrauch gedacht. In der deutschen
Übersetzung habe ich versucht, möglichst adäquate
Ausdrücke zu finden, man erschrecke also nicht über
vulgäre Begriffe. Die üblichsten Ausdrücke habe ich
unterstrichen.

Le mec - der Macker

le type	der Typ
le gugus, le gus	der Kerl
le gosse	das Bürschchen
le garçon	junger (unverheirateter) Mann/ der Junge
le morveux	die Rotznase
le gros	Dickerchen

74

La nana - das Mädchen

la gonzesse	Mädchen/Frau
la môme	Süße/Kleine
la nénette	Biene
la vieille	Alte
la poule	das Hühnchen
la grosse	Dicke
la minette	Mieze
la cocotte* (Dirne)	Nutte/Mäuschen (je nachdem)
la greluche*	Mieze
la meuf*	Schickse
la pisseuse * (Pisserin)	Möse

se caliner - schmusen

Elementar beim Anmachen und Turteln ist, die richtigen Worte für's Liebesgeflüster zu finden. Hier
eine kleine Auswahl der gebräuchlichsten:

mon/ma chérie	mein Liebling
mon amour	meine Liebe
ma puce	mein Floh
ma pupuce	mein Flöhchen
ma bîche	mein Reh
mon lapin	mein Kaninchen/Hase
ma poupée	meine Puppe
ma douce	meine Sanfte
mon canard	mein Erpel
mon nounours	mein Bärchen
ma petit chatte	meine kleine Katze
Coquine!	Schelmin!
Coquin!	Schuft! Schelm!
Elle est caline.	Sie ist eine Schmusekatze.
Il est calin.	Er schmust gerne.
se caliner	schmusen

faire un calin	
faire un mimi	Küßchen geben
faire un bisous	
faire des papouilles	
se becoter	knutschen, sich küssen

La drague - die Anmache

Alle zwischengeschlechtlichen Beziehungen beginnen beim Flirt: Anmachen und angemacht werden ist angesagt!

Il/elle m'a tapé dans l'oeil.
(Er/Sie hat mir ins Auge gehauen.)
Er/Sie ist mir aufgefallen.
C'est le coup de foudre! (der Blitzschlag)
Das ist Liebe auf den ersten Blick.
trouver chaussure à son pied
(einen Schuh für seinen Fuß finden)
jemand passenden aufreißen
draguer
anmachen
roucouler
flirten/turteln
Il/elle l'a dragué.
Er/Sie hat sie/ihn angemacht.
Il/elle l'a branché.
Er/Sie hat's klargemacht.
avoir la cote (Aktenzeichen)
'ne Schnitte haben
avoir la supercote
einen Stein im Brett haben
Il/elle a un ticket avec lui. (eine Eintrittskarte)
Er/Sie hat ihn/sie schwer beeindruckt.
Il/elle a un ticket d'enfer. (höllische Eintrittskarte)
Er/Sie hat Feuer gefangen.

76

Je l'ai dans la peau. (in der Haut)
   Er/Sie geht mir nicht aus dem Kopf.
Elle/il m'a embobiné. (einwickeln)
   Er/Sie hat mich becirct.
faire un mimi
   ein Küßchen geben
faire un calin
   knutschen

Aber das kann auch schlecht ausgehen:

Il/elle m'a posé un lapin.
   (Er/Sie hat mir ein Kaninchen gegeben.)
   Er/Sie hat mich versetzt.
Il/elle m'a laissé tomber. } Er/sie hat mich
Il/elle m'a jèté. versetzt.
Il/elle ma laissé en rade. }
   (hat mich am Ankerplatz gelassen)
Il/elle a filé.
   Er/Sie hat die Biege gemacht.
Il/elle a foutu le camp.
   Er/Sie ist abgehauen.
Il/elle s'est barré.
   Er/Sie hat sich verpißt.
Il l'a plaqué.
   Er hat sie (mit einer anderen)
   verlassen.

Tja, wenn es dann geklappt hat, mit der Partner-
suche, dann wird's ernst. Wie die "Dinge" des Be-
gehrens benennen? Fangen wir mit einigen unver-
fänglichen Körperteilen an; quasi zum Aufwärmen:

la tronche	das Gesicht
la gueule	die Fresse
la figure	die Visage
les babines	die Lippen
les tifes	die Matte (Haare)
le pif	der Zinken (Nase)
les pattes	die Pfoten (Hände)
les panards	die Quadratlatschen (Füße)
le bide	der Wanst
le bidon	die Plautze
le chassis	Körper einer Frau
(die Karosserie)	

Je me sens mal dans ma peau!
> (Ich fühl' mich schlecht in meiner Haut.)

Ich fühl' mich nicht wohl in meiner Haut!

Il/elle est bien balancé(e).
> Der/Die sieht stark/super aus.

Il est balaise!
> Er hat 'nen tollen Körper!

Elle est canon! (Die ist Kanone!)
> Die sieht super aus!

Il est nainbus! (Er ist zwerghaft.)
   Der ist winzig!
Il a de la brioche/du bide. (Milchbrötchen)
   Er hat einen Speckbauch.
C'est une grande asperge!
   (Das ist ein großer Spargel.)
   Der/Die ist eine lange Bohnenstange!
C'est une grande bringue!
   Die ist eine lange Latte! (nur für Frauen)
Il est mal foutu(e). (verpfuscht)
   Der hat einen völlig verbauten Körper!

So, das soll reichen. Viel interessanter sind ja die
Geschlechtsteile. Beginnen wir mit denen des Mannes.
Da gibt es so viele Bezeichnungen, daß man Seiten
damit füllen könnte. Eine ist allgemein bekannt geworden, nämlich durch ein Chanson, in dem   Pierre
Perret   liebevoll den **"Zizi"** (sisi) besingt.
   Die folgenden Bezeichnungen sind die gebräuchlichsten Varianten für Penis, Pimmel, Schwanz, Zipfelchen und was es sonst noch für Ausdrücke geben
mag. Die gebräuchlichsten sind wieder unterstrichen,
die ganz vulgären mit einem * versehen:

l'asperge (der Spargel)
le braquemart
la biroute
le dard (der Stachel)
l'engin (die Maschine)
la quéquette
le zizi
le popaul (Zipfelchen)
le cigare à moustaches   (Zigarre mit Schnurrbart)
la bite*
le jonc*
le noeud* (der Knoten)
la pine*
la queue* (der Schwanz)
le zob*

Ausdrücke für Hoden, Eier, Sack:

les attributs
les bijoux de familles (der Familienschmuck)
<u>**les baloches**</u>
<u>**les noisettes**</u> (die Nüßchen)
les olives (die Oliven)
les précieuses (die Wertvollen)
les roubignolles
les valseuses (die Walzertanzenden)
les roupettes
les burettes* (Ölkanne)
les burnes*
<u>**les couilles***</u>
<u>**les bourses**</u> (Geldbeutel)

Was die Geschlechtsteile der Frau betrifft, so gibt
es auch eine reichliche Auswahl für Möse, Fotze
und ähnliche deutsche Bezeichnungen:

la figue (die Feige)
la minette (die Mine)
<u>**le minou**</u> (die Möse)
<u>**la moule**</u> (die Muschel)
le panier (der Korb)
la pâquerette (das Gänseblümchen)
la craquette
la chatte* (die Katze)
<u>**le con***</u> (Fotze)
<u>**la motte***</u> (der Butterklumpen)

Ausdrücke für Brüste:

les tetons	(Brüste)	**les boîtes à lait***	(Milchbüchsen)
les nibards		**les lolos***	(Lollie)
les roberts		**les miches***	(Brotlaibe)

les roploplots   **les niches*** (Titten)
les mandarines   **les nichons**
les nénés (Titten)

Auch Hintern und Anus (bei Mann und Frau gibt's da keinen Unterschied!) zählen zum Bereich der erogenen Zonen, zumindest wenn es nach der Reichhaltigkeit der Ausdrucksvarianten geht:

Ausdrücke für den Po:

le derche	
les miches (die Brotlaibe)	
l'arrière-train	Hinterbacken,
l'arrière-pont	Hintern
le croupion	
le panier	
le pétard (Kanonenschlag)	
le popôtin (Popo)	
la croupe* (die Kruppe)	Arsch
le cul*	

Ausdrücke für Arschloch:

le troufignon
l'oignon* (die Zwiebel)
l'oeillet* (die Nelke)
la pastille* (die Pastille)
la rondelle* (die (Wurst-)Scheibe)
le trou de balle (das Kugelloch)
le trou du cul* (Arschloch)
l'entrée des artistes* (Künstlereingang)

Für das, was sich in diesen Zonen abspielen kann, gibt es eine ganze Bandbreite von Spielarten, die mit ebensovielen Begriffsvarianten belegt werden können.

81

Elle me fait bander!
   Sie macht mich total heiß/geil!
Je bande pour elle!
   Ich bin geil auf sie!
tripoter
   befummeln
peloter
   begrapschen
rouler un patin/une pelle
   einen Zungenkuß geben
Je bande!*
   Ich hab 'nen Steifen!
Je bande comme un taureau/turc!*
   (wie ein Stier/Türke)
   Ich hab 'ne tierische Latte!
Je mouille! (Ich werde naß!)
   Ich bin ganz feucht!
Je mouille pour lui!*
   Ich bin geil auf ihn!
Il me fait mouiller!* (Er läßt mich naß werden.)
   Er macht mich geil!

So, und nun das Unvermeidliche, Ausdrücke für den Geschlechtsverkehr:

Bumsen

s'envoyer en l'air
(sich in die Luft schicken)
faire une partie de jambes en l'air
(eine Beinpartie in der Luft machen)
baiser qn*
(nicht zu verwechseln mit
le baiser = der Kuß)
sauter qn* (springen)
se l'envoyer*
(sich ihn/sie zu Gemüte führen)
bourrer* (stopfen)
se la/le faire*
(sie/ihn sich machen = vornehmen)
se la/le taper
(sie/ihn sich machen = vornehmen)
se faire mettre
(sich legen lassen (Frau))

⎫
⎬ bumsen,
⎬ vögeln,
⎭ ficken

decaloter   die Vorhaut zurückstreifen
le foutre   Sperma
juter*   (ab)spritzen
la jute*   Sperma
la mouille* (Saft) Mösensaft

Einige technische Varianten:

sucer (lutschen)
faire/tailler une pipe
(eine Pfeife machen/schnitzen)
pomper le dard/le noeud*
(den Schwanz pumpen)
faire un pompier/un pomplard*
(einen Feuerwehrmann machen)

⎫
⎬ Fellatio
⎭

faire minette
manger/bouffer le con*
   (die Muschi essen)
lecher le con*
   (lecken)
                            Cunnilingus

enculer   arschficken
tourner la page   von hinten
(die Seite wenden)   nehmen
faire une partouze
partouzer   Rudelbumsen,
faire une partie carrée   Gruppensex machen
(eine Partie im Quadrat machen)

Nun, das soll reichen. Weiter geht's mit Ausdrük-
ken für onanieren/masturbieren:

la veuve Poignet   das Wichsen
   (die Witwe ("Handgelenk"))

se caresser l'asperge*
   (den Spargel streicheln)
                       wichsen (Männer)
se taper la colonne*
   (sich die Säule schlagen)

(s') astiquer (le bouton)*   wichsen (Frauen)
   (den Knopf polieren)

(se) branler*   wichsen
faire la branlette*   (Mann/Frau)

Sollte das gleiche Spiel zwischen gleichgeschlecht-
lichen Partnern ablaufen, dann kann folgendes Vokabular in den Einsatz kommen:

le pédéraste   der Homosexuelle
le pédé
la pédale   der Schwule
l'enculeur*   der Arschficker

Il a viré sa cutie!
(Er ist beim Impftest negativ geworden.)
Er hat zum anderen Ufer gewechselt!

la tante (die Tante)   die Tunte
la tantouse   die Schwuchtel
le travello   der Transvestit

Il marche à la voile et à la vapeur!
(Er läuft mit Segeln und Dampf.)
Der ist bi (-sexuell).

une gouine   eine Lesbe
la lesbienne   Lesbierin

negative Begleiterscheinungen:

Il/elle a des valises sous les yeux!
(Er/Sie hat Koffer unter den Augen.)
Er/Sie hat Ränder unter den Augen!
Il/elle a pris un coup de vieux!
Er/Sie ist plötzlich um einen Schlag gealtert!
Il/elle a 20/30 ans bien sonnés!
(Er/Sie hat 20/30 gut geschlagene Jahre!)
Er/Sie sieht ganz schön alt aus für seine/
ihre 20/30 Jahre!
Elle a déjà des heures de vol!
(Die hat schon viele Flugstunden hinter sich!)
Die treibt's schon lange!
Elle a bien donné d'elle-même!
(Die hat schon viel von sich gegeben.)
Die ist ja schon ganz schön verlebt!
Ça fait longtemps qu'elle s'envoit des types!*
Die bumst schon seit langem mit Typen rum!
Beaucoup lui sont passé dessus.*
Die hat schon viele drübergelassen.
J'ai la bite en feu!
Mein Schwanz brennt wie Feuer!

85

Abschließend sei noch auf einige andere, nicht-wissenschaftliche Bücher zur französischen Umgangssprache und des französischen **argot** hingewiesen, als weiterführende oder ergänzende Literatur.

Anders reisen (Sprachbuch Frankreich)
rororo, DM 12.80
Ein guter, ergänzender Einführungsband mit einem allerdings begrenzten umgangssprachlichen Vokabular, "harte" und neuere Ausdrücke fehlen.

Sätze aus dem Alltagsgespräch. Phrases de tous le jours. Dtsch.-Frz.
Von Hahn/Gaudry. Hueber
Das Buch ist nicht spezifisch umgangssprachlich, aber kommunikationsorientiert angelegt. Aufbau nach dem Prinzip: "Was sage ich in welcher Situation?" Etwas stereotype Satzmuster sind leider nicht zu vermeiden. Für Deutsche und Franzosen gleichermaßen verwendbar.

Le français avec les Frustrés.
Ein Comic-Sprachhelfer.
Von Claire Brétecher/Isabelle Jue/Nicole Zimmermann
rororo Sprachen.
Eine lustige, weiterführende und ergänzende Einführung in die französische Umgangssprache und "Alltagskultur" - allerdings mehr in die der Intellektuellenschicht - anhand der Comic-Zeichnungen "Die Frustrierten" von Claire Brétecher. Gut erklärt und kommentiert.

Ne mâche pas te mots!
Nimm kein Blatt vor den Mund!
Französische Redensarten und ihre deutschen Pendants.
Von M.-Th. Pignolo und H.-G. Heuber.
rororo Spachbuch

Eine umfangreiche Auflistung vieler gebräuchlicher, manchmal auch weniger gebräuchlicher französischer Redensarten. Interessant, aber für die alltägliche Handhabung nicht immer brauchbar.

Französische Sprichwörter, dtv
Hat nichts mit dem Alltagsfranzösisch zu tun, sondern enthält fast ausschließlich Sprichwörter aus dem literarischen Bereich. Interessant als Ergänzung für Literatur- und Kulturinteressierte.

1000 französische Redensarten
Langenscheidt, DM 15.80
Enthält viele Redensarten und noch mehr Redewendungen, die im Alltag vorkommen. Lustige Aufmachung, gute Einbettung in sprachliche Zusammenhänge, gute Erklärungen.

Französisch, wie es nicht im Wörterbuch steht
Sprachführer und Einführung in die französische Lebensart.
Von Paul Medina. DM 6.80
Der Titel ist etwas irreführend. Aufschlußreicher ist vor allem der Untertitel. Es geht weniger um Umgangssprache und noch weniger um **argot**, vielmehr um das, was nicht im Wörterbuch stehen soll: Erklärungen über die Herkunft und den Gebrauch (auch in Literatur und Geschichte) von manch landeskundlich-, sprach- und kulturspezifischen Ausdrücken. Etwas geschraubt in Sprache und Witz. Schreckt vor plastischen, deutschen umgangssprachlichen Übersetzungen zurück. Was an Anmerkungen zur Umgangssprache zu finden ist, ist überwiegend veraltet.

Dictionnaire du français argotique et populaire
Von François Caradec
Taschenausgabe. Larousse/CVK. DM 18.80
Ein regelrechtes, alphabetisch geordnetes **französisches** Wörterbuch der französischen Argot- und Um-

gangssprache (250 Seiten), mit französischen Erklärungen.
Sehr umfangreich, teilweise sehr speziell, manchmal etwas veraltet, mit einem sehr interessanten Vorwort über französische Umgangssprache.

Die größte Fundgrube für französische Slang- und umgangssprachliche Ausdrücke sind aber folgende Comics (für Erwachsene!), die man an fast jedem Kiosk in Frankreich kaufen kann und aus denen die meisten "Sprechblasen" dieses Büchleins stammen:
Metal Hurlant, Pilote, mensual charlie, L'Echo des Savanes, Circus und andere.

weitere Kauderwelsch-Bände für Französisch:

Französisch (nicht nur) für Globetrotter
von Gaby Kalmbach. Band 40 der Kauderwelsch-Reihe bietet einen praktischen und effektiven Einstieg in die französische Sprache. ISBN 3-922376-12-6, 12.80 DM Tonband-Begleitkassette erhältlich.

Französisch für Afrikareisen
von Ernestine Schneider. Der Band 8 der Reihe bietet ebenfalls eine Einführung ins Französische, aber er berücksichtigt die speziellen Aspekte, die dem Afrikareisenden begegnen. ISBN 3-922376-69-x, 12.80 DM. Begleitkassette ebenfalls lieferbar.

REISE STORY

REISE-STORY - die neue KNOW-HOW Reihe, die Erlebnisse und Eindrücke vom Reisen bringt. Für alle Fernwehgeplagten, nachdenklichen Reisegenießer, zum Einstimmen und Nacherleben.
Die Autoren: erfahrene Globetrotter, alleinreisende Frauen wie Männer, ausgefuchste Abenteurer. Statt trockenen Reiseführer-Fakten persönliche Empfindungen, Reflektionen, Ein- und Umsichten aus andersartigen Kulturbereichen. Das Ganze verpackt in Spannung und Authentizität.

Helmut Hermann **Traumstraße Panamerikana**	Mit einem VW-Bus anderthalb Jahre und 100.000 Kilometer auf der "Traumstraße der Welt" von Feuerland nach Alaska. Realistischer Reisebericht mit praktischen Tips. 2. Auflage. 254 Seiten, 70 Farb- u. s/w-Fotos, DM 24.00, ISBN 3-9800975-3-6
Joachim Nölte **Um-Welt-Reise**	Eine zweieinhalbjährige Um-die-Welt-Reise mit öffentlichen Verkehrsmitteln. Hervorragend und einfühlsam geschrieben. Macht Mut und Lust, selbst loszufahren. Ca. 210 Seiten, ca. 20 Farb- u. s/w-Fotos, Karten, DM 22.80, ISBN 3-9800975-4-4
Jörg Lohmann **Rio - New York**	Reise mit dem Rucksack durch Süd- und Nordamerika. Locker erzählt, sensibel und selbstkritisch beobachtet. Statt Fotos viele treffende Situationszeichnungen vom Autor. Ca. 220 Seiten, sehr viele Illustrationen, DM 22.80, ISBN 3-9800975-5-2

Die Reihe wird fortgesetzt

Reisebuchverlag Helmut Hermann 7145 Markgröningen

Kultur Schock

FRANKREICH

● *Gabriele Kalmbach*

Viele, die ein fremdes Land besuchen, erklären es zum „Traumland", für andere ist es ein „Alptraum". Woher kommt dieser Gegensatz?

Niemand kann sich bei Menschen wohlfühlen, deren Denkweise er nicht versteht oder nicht verstehen will. Mißverständnisse und Konflikte entstehen durch das Beharren darauf, daß die eigenen Werte die „richtigen", die anderen aber die „falschen" sind. Die Erfahrung der „Andersartigkeit" fremder Kulturen verunsichert den unvorbereiteten Besucher, ja schockiert ihn geradezu. Dies Schlüsselerlebnis eines Reisenden nennt man **Kulturschock**. Wem es gelingt, sich in eine fremde Kultur hineinzudenken und seine althergebrachten Denkschemata für die Zeit der Reise (und wenn möglich noch etwas länger) zu vergessen, dem wird die Erkundung des besuchten Landes gelingen.

Einen **Kulturschock** erlebt man aber nicht nur in weiter Ferne, sondern auch in nächster Nähe. Frankreich ist unbekannter und undurchschaubarer als viele meinen, und nur auf den ersten Blick scheint der Kontakt zu unseren Nachbarn problemlos – Deutsche und Franzosen begreifen einander nur schwer. Immer wieder erleben selbst informierte und sprachkundige Reisende Überraschungen, Pannen und Enttäuschungen.

Der Frankreichband der Reihe **Kulturschock** hilft, „Sehfehler" zu korrigieren und den Schock weitgehend abzumildern. Praxisnah auf die Situation des Reisenden ausgerichtet erläutert das Buch Empfindlichkeiten und Achillesfersen der Franzosen, nennt heilige Kühe und Tabus im Nachbarland beim Namen, weist auf Fallstricke und Fettnäpfchen für Ausländer hin. Familienleben, Moralvorstellungen und Alltagsgewohnheiten werden ebenso erläutert wie Umgangsformen und Tischsitten. Wie alle Bücher der Reihe befaßt sich der Band schwerpunktmäßig mit den Denk- und Verhaltensweisen der Besuchten, erklärt Hintergründe ihrer Lebensweise und bietet eine Orientierung im Dschungel des fremden Alltags. Auf daß die Begegnung unterschiedlicher Kulturen zu beidseitiger Bereicherung führe und nicht Vorurteile verfestige!

PETER-RUMP-VERLAGs- und Vertriebsges.mbH

ISBN 3-89416-163-9   DM 24,80

97

98

ER
GÄN
ZUN
GEN

ERGÄNZUNGEN

ER
GÄN
ZUN
GEN

101

REISE KNOW-HOW ®

Gabriele Kalmbach

Paris
und Umgebung

336 Seiten, DM 26,80
Reise Know-How/City
im *Peter Rump Verlag*

Paris, international als eine der interessantesten, schönsten und gegensätzlichsten Metropolen der Welt gepriesen, zieht jährlich Millionen von Besuchern an. Und wer hier nur ein oder zwei Tage bleiben will, merkt schnell, daß die Zeit nicht reicht.

Im Zentrum Frankreichs gelegen, ist diese Stadt Mittelpunkt der französischen Welt, der Kultur, der Wissenschaft, der Kunst, des Konsums und des Amüsements.

Das Handbuch von Gabriele Kalmbach bietet dem Paris-Kenner ebenso wie dem Paris-Kennenlerner unzählige praktische Tips und Hintergrundinformationen für einen erlebnisreichen Aufenthalt auf eigene Faust. Es zeigt Berühmtes und ganz Verstecktes in der Stadt und beschreibt empfehlenswerte Ausflüge in die nähere Umgebung.

- detaillierte Beschreibungen der interessantesten Stadtteile mit ihren Sehenswürdigkeiten, Unterkünften, Läden, Restaurants
- Vorschläge für Stadtrundgänge
- wissenswerte Hintergrundinformationen zu Stadt und Land
- interessante Ausflüge in die Umgebung
- ca. 100 Fotos und Karten, Register

Hermann Kayser, Jahrgang 1952, geboren in Bielefeld, hat in Stuttgart und Bielefeld Germanistik,
Romanistik und Linguistik studiert. Nach zweijähri-
ger Tätigkeit als Studienrat in den Fächern Deutsch
und Französisch an einem Gymnasium im Lipperland ,
siedelte er vor nunmehr sechs Jahren nach Frankreich um, und lehrte an der Universität Lyon II
zuerst als Assistent und dann als DAAD-Lektor deutsche Sprache, Landeskunde und Geschichte.

Bei seiner Arbeit und aus eigener Anschauung
wird ihm immer wieder deutlich, welche sprachlichen
Probleme Sprachbenutzer in einer Fremdsprache im
allgemeinen haben. Einen besonderen Fall stellt immer die umgangssprachliche Sprachebene der Fremdsprache dar, eine Sprach- und Kommunikationsebene,
mit der man im Schulunterricht so gut wie nie in
Berührung kommt.

Hermann Kayser arbeitet auch auf dem Bereich
der sprachwissenschaftlichen Forschung, insbesondere über "Sprachverstehen und -produktion",
"Sprachliche Interaktion" und "Spracherwerb", und
veröffentlichte auf diesem Gebiet verschiedene wis-
senschaftliche Arbeiten.

Heute ist Hermann Kayser Lehrer für Deutsch an
der Deutschen Abteilung des Internationalen Gymna-
siums in Lyon.